三毛與作者

三毛畫作

三毛贈予作者的牛仔外套

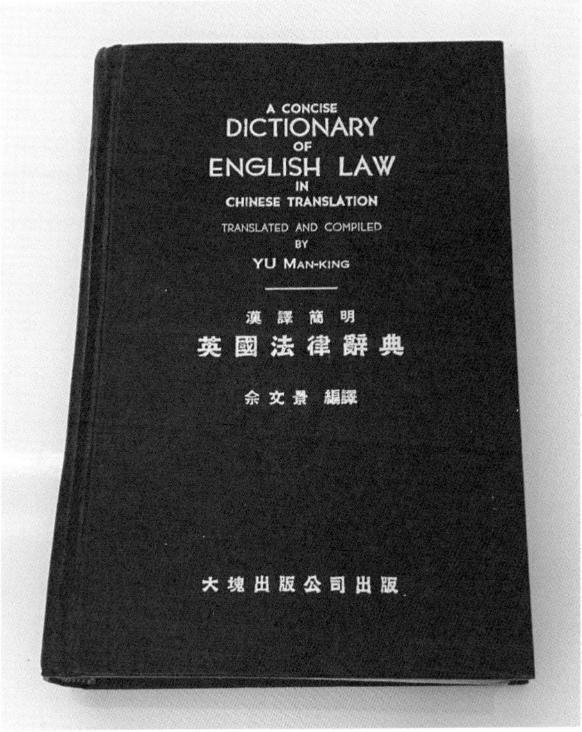
A CONCISE
DICTIONARY
OF
ENGLISH LAW
IN
CHINESE TRANSLATION
TRANSLATED AND COMPILED
BY
YU MAN-KING
漢譯簡明
英國法律辭典
余文景 編譯
大塊出版公司出版

爺爺送作者的法律辭典

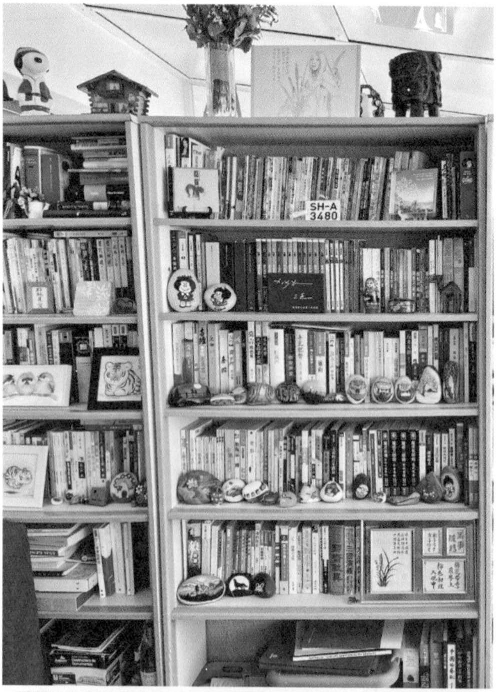

三毛西班牙友人 Nancy 的書架

張拓蕪贈予三毛的書籍

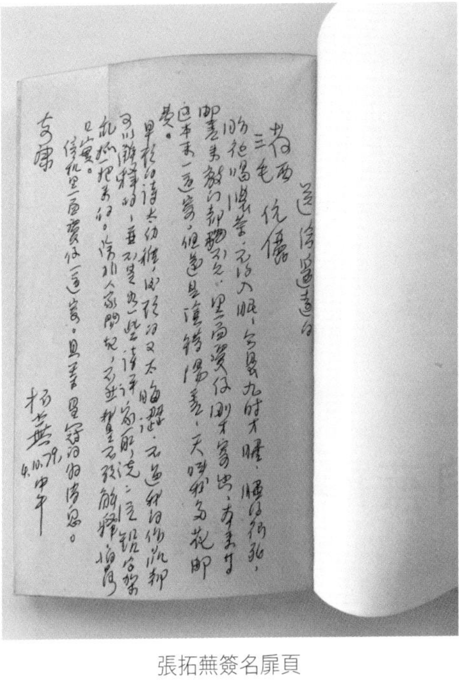

張拓蕪簽名扉頁

張曉風贈予三毛的書籍

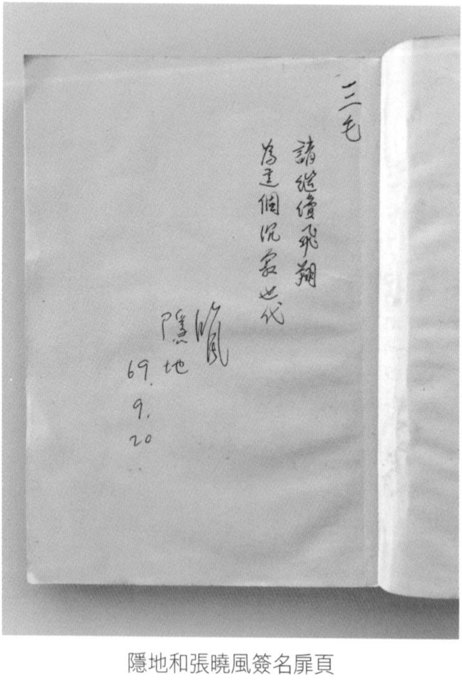

隱地和張曉風簽名扉頁

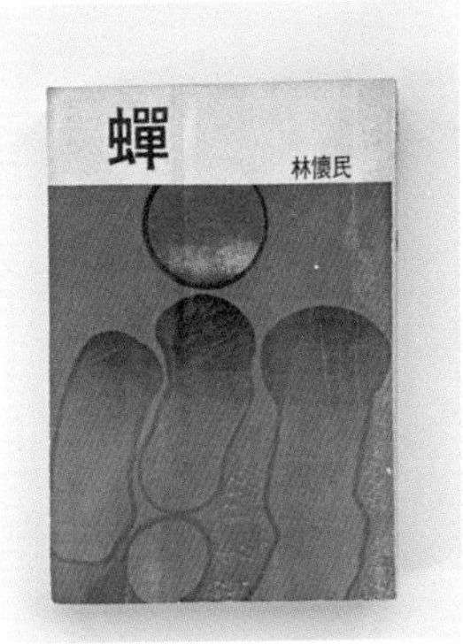

林懷民贈予三毛的書籍

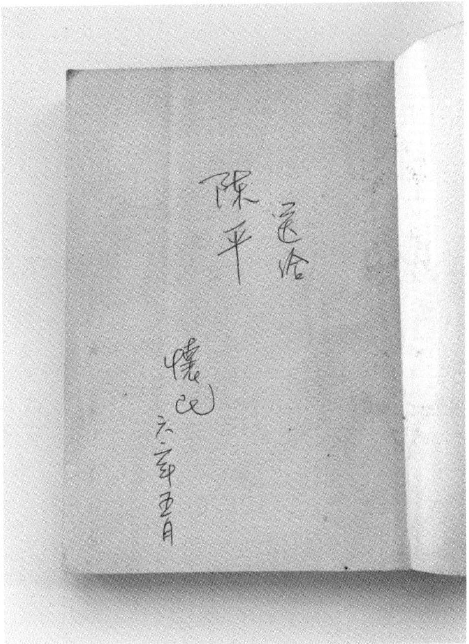

林懷民簽名扉頁

作者和張曉風老師

左起作者，葛伯，摩斯塔法

摩斯塔法先生

三毛位於阿雍小鎮的故居中庭

三毛故居中山羊掉下來的洞

三毛位於阿雍小鎮的故居門前

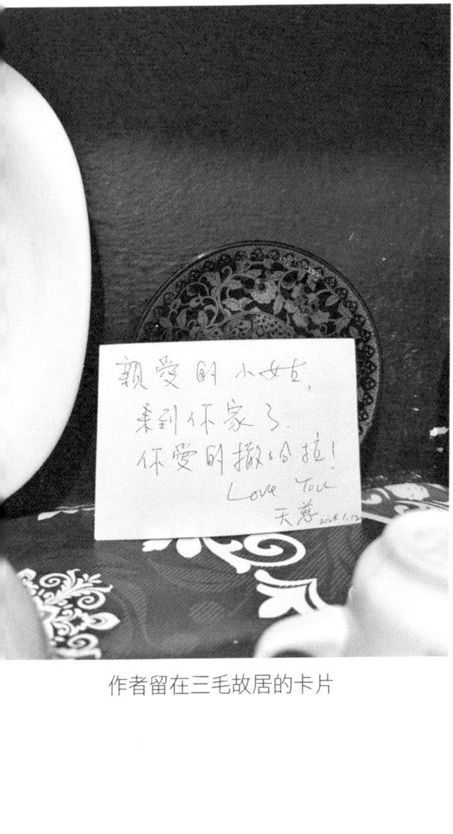

作者留在三毛故居的卡片

三毛故居中的廚房

作者在三毛故居走道

上排左起三毛，作者叔叔陳傑先生，下排左起作者姊姊天恩，作者

三毛贈予作者的口琴

奶奶贈予作者的圓規

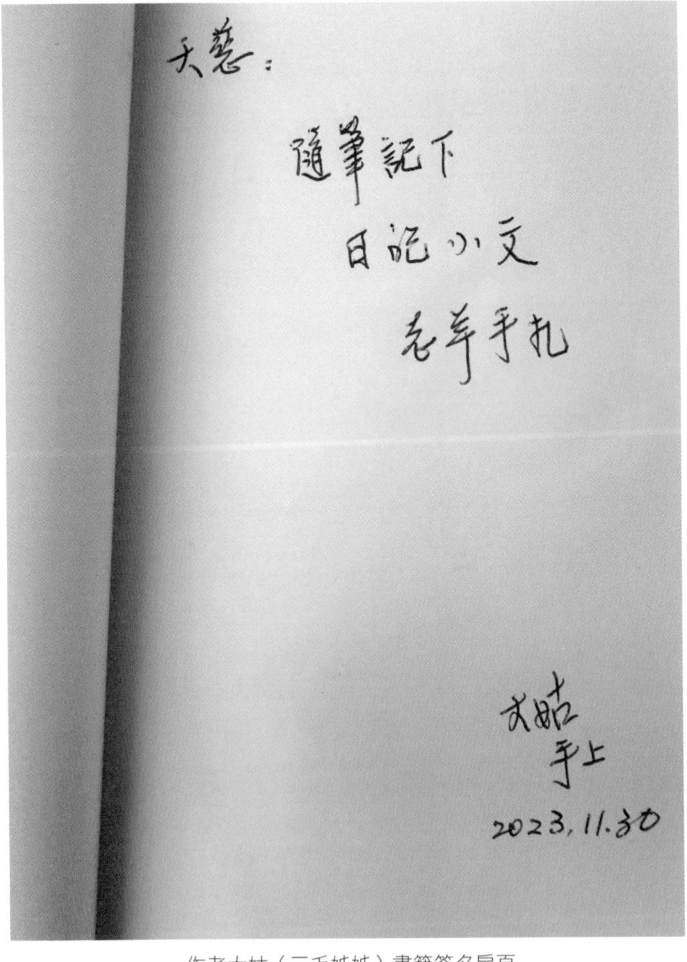

作者大姑（三毛姊姊）書籍簽名扉頁

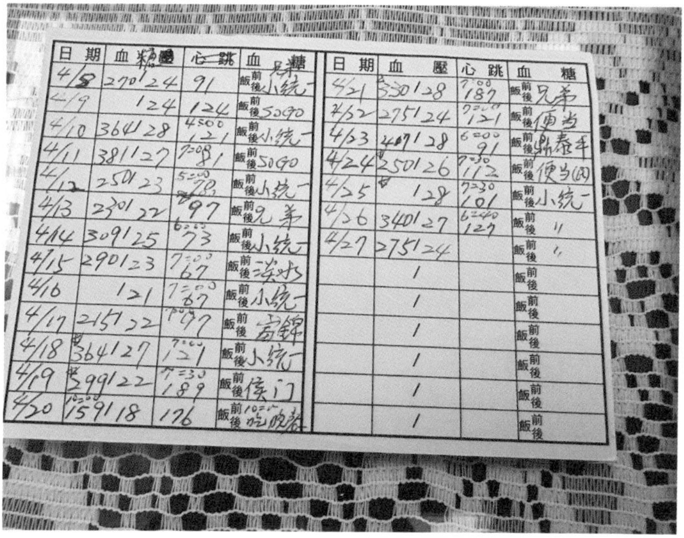

作者母親幫作者父親做的健康紀錄卡

左起作者媽媽，三毛，三毛母親

三毛姑姑的寶貝

藏在三毛舊物中的回憶與牽掛

陳天慈——著

目錄

推薦序

心中有愛，就是一份祝福和力量

黃陳田心（三毛大姊）

寫字似乎是我們家族的印記。

內心要靜得下，才能運用文字之魅力釋放出作者的思維進而創造出豐富精彩、生動又具有愛的話語。這就是文字珍貴之所以存在的無形資產和價值。

二〇二一年初，陳天慈，我的姪女，寫成了她第一本書，書名是《我的姑姑三毛》。而三年後的今日，她第二本書又即將與喜愛閱讀的朋友見面了。

這使大姑聯想到《馬太福音》的紀載：「一粒麥子，落在好土壤，若時刻澆灌、晝夜看守，直到長苗吐穗時，就也是歡呼收割的季節了。」天慈的成果又快和朋友們分享、分嚐，並尋覓到她家庭生活其中的點滴美好趣味，藉著她的一枝筆躍於紙上，與朋友們見面。

心裡有麥，心中有愛，就是一份祝福和力量。

大姑寫於二〇二四年九月

推薦序

我們都可以成為理想又美麗的自己

王琄（作家／演員／主持人）

書寫時，是一次次與自己的血脈基因連結，而物件就是那通關鑰匙！天慈真厲害，拿著小姑姑音樂夢中的口琴，帶領我們進入了一個三毛是如何在被理解中長成她自己的過程！

奶奶特別有意思：火眼金睛的明白人（我的母親也是這款女性）！總

像盞明燈，照亮前程未知的世界，讓孩子有擁有勇闖天涯的勇氣！

而天慈看著這樣的奶奶、姑姑，如此美好的女性身影，怎能不用筆記錄下來！

天慈寫的可能是她記憶中女性長輩的點滴，而我看見的是：身為女子亦若是，我們都可以成為理想又美麗的自己！

守候全家的畫

熟悉三毛的讀者都知道她小時候遭遇過一個既無奈又有趣的故事，至今我在很多的分享會中也會聽到不少讀者對這件事很有共鳴的發言。

當年年幼的三毛和其他同齡孩子一樣需要交一篇關於「我的志願」的作文，而她有別於其他學生考慮著成績和老師的看法，三毛卻秉持著一顆真心，好似總算有人願意聽她的志願，想一吐為快，迫不及待地寫出心中的小祕密——長大想做一個拾荒的人。

可以確定的是落筆時的小三毛對老師是信任的，天真地信任老師可以接受任何的志願，信任老師能理解每個孩子心中都有不同的追求，哪怕沒有追求也是一種追求，包括成為一位自由自在，行走四方撿垃圾的人。

三毛從小就喜歡到處流浪，於街邊在不起眼的垃圾堆裡發現各種驚喜，收集別人丟棄而自己喜歡的東西，這種你丟我撿的遊戲是她獨處的樂趣，不和人分享。

三毛畫作

另一方面，這種職業還不用和人有過多的交流，不用滿足別人的期望，也沒有朝九晚五的打卡拘束，還可以和興趣結合，這讓從小不能接受任何拘束的小三毛非常嚮往。

然而，當時那位出作文題目的老師卻辜負了小三毛對他的信任。這篇作文並沒有得到老師的認可，原因是志向詭異，不夠遠大，不夠正向，撿垃圾不是職業，也不能養活自己，就差沒說讓家人蒙羞。

於是老師當著全班的面數落小三毛，如果想做一位拾荒者，又何必念書呢？現在就可以回家了。

故事沒完，責備也沒完，那位老師還不放過受傷的小三毛，要求小三毛重新寫一篇符合老師期待的文章，長大要做一名醫生，天知道小三毛對數理一點興趣也沒有，寫下違背心願的一字一句時小小心靈有多難受。

那篇作文不僅僅是一篇打個分數就算的作業，甚至埋下小三毛對老師和當時教育體制的不適應，對權威的妥協和低頭。

這番強迫認領不屬於自己的意願，加上對學校生活的不適應，小三毛還真在不久的將來放棄上學，回家自學了，但是撿垃圾的志向卻跟了她一輩子，也成為她快樂的來源，甚至還出了一本《我的寶貝》暢銷書，也算是完成很多人的志願吧！

後來在小姑房間裡看到很多她在世界各地撿回來的破東西，千奇百怪，各有各的個性和故事，也會佩服她的勇氣，感嘆她總能看出別人欣賞不到的好，慢慢能體會她發現這些東西時的喜悅。

一個平常放學的午後，我和雙胞胎姊姊照常坐校車回到爺爺奶奶家，等待媽媽下班來接我們。

「天恩，天慈，你們長大想做什麼？來跟小姑說說。」成年後的三毛是否也曾希望我們回答出一個跟隨本心，不受限制的答案？

當時的我並不知道小姑的心願是想做一位拾荒者，就算知道我也不敢繼承她的志願，因為到現在的我都很怕撿來的東西裡有什麼不該出現的看得到或看不到的生物。

我和姊姊總愛待在小姑房間旁邊的小客廳裡，大多數的時候都是倚在牆上坐著，或是斜躺在地上，很隨興，一副待在自己房間不客氣的樣子，而小姑是不會因此罵人的。

對於每天需要早起趕校車的小學生來說，在處處需要社交溝通的學校裡已經熬了八小時回到家，還要回答這位小姑這種動腦筋的話題，只好不失禮貌地隨意敷衍了一句：「沒想過。」

有一面牆就位於小姑房間的外面，那是我們小孩的專屬塗鴉牆，也是不討大人喜歡卻容忍著的角落。

白色的牆面，上方很乾淨潔白，下方差不多是小孩子的身高處卻是色彩繽紛，有油彩，有粉彩，還有鉛筆和小手印，創意十足，自由奔放，用色大膽。

大人們總想著有一天要重新粉刷這面牆，卻總被爺爺奶奶攔下，後來聽小姑說這是爺爺奶奶給我們留出的夢想空間，在這裡隨意塗鴉，開心就好，沒有任何限制。

我突然想起這面牆的偉大使命，怎能辜負爺爺奶奶頂著家人的疑問，留給我們實現夢想的啟發，轉頭跟小姑說：「我想做畫家，隨便畫幾筆就能賣錢的那種。」這是喜歡藝術還是喜歡賣錢啊！

「天慈想做畫家啊！小姑小時候也學過畫畫，客廳牆上那幅畫就是我畫的。」原本打算放棄詢問的小姑，有些欣喜地揚起聲調，似乎對那幅作品很得意。

「就是那幅黑色白色加一點紅色，還有兩隻又像雞又像鳥的畫，我們每天坐在前面的沙發上看卡通小甜甜，原來是你畫的喔！」姊姊恍然大悟，好似不相信小姑會作畫。

「黑乎乎的，看起來有點悲傷喔！」我補了一刀。

這是一幅默默存在爺爺奶奶家客廳牆上的畫作，自從我有記憶以來就一直存在著那裡，所以也從來沒入過我的眼。

正因為三毛在我們小孩子心裡只是一個愛玩，愛鬧，愛說故事的玩伴，確實很難想像那幅看起來很精美的國畫是這位從遙遠西班牙回來的洋姑姑少女時剛接觸國畫時的作品。

那是一幅橫向的畫作，有花，有草，有很多枝枒，還有兩隻飛禽類的山水畫。

紙張有點泛黃，裱框是深褐色的木製裱框，尺寸剛好佔據整面牆，穩穩霸住客廳中心的位置，有點唯我獨尊的氣勢，也有種爺爺將這幅畫作裱框後給它賦予家中寵愛的位置。

畫中從右至左盡顯佈局的大器，仔細看卻處處是筆觸的細膩，我有點驚訝少女時期的小姑畫這幅畫時的心情，她是否帶著什麼期待？還是只是單純用繪畫作為陪伴那個本應綻放卻被壓抑的孤獨歲月。

右邊上方起始處有一些黑色像流沙般的筆畫，我很難準確形容，應該是象徵空氣間風的流淌，也可能是整體結構的考量，需要一點平衡才加上的。

畫的主體是在中間偏右下方的兩隻有點像公雞，又有點像鳥類的飛禽，一胖一瘦，直挺挺站著，尾巴高高翹起，花林間四眼相望，身為畫中唯二的生物，突然感到有點小浪漫。

畫作的左邊是一叢的樹枝和樹枝上的紅花，說是紅色也不盡然，有些滲了比較多的水而形成粉紅色，旁邊還有一些白色像是棉花的襯托。

這幅畫沒有小家碧玉的清秀，卻有肆意的灑脫和大氣，右下方落款為小姑的本名「陳平女史」和看不清文字的紅色蓋章工整地深刻烙印著。

這是一幅我看來是需要花很長時間才能完成的作品，講究佈局，顏料層層堆疊，我偷偷地想著比不上我在牆上的那些抽象畫來得自由隨性，真是不識貨啊！

「哈哈，小姑的畫總是沒有你們看的卡通可愛。你們根本沒仔細看過吧！那是小姑以前跟顧福生老師一筆一畫學來的。」三毛有點不服氣。

雖然兩個小孩不懂欣賞，卻也知道那是一幅很稱職的背景畫作，許多全家福都是在這幅畫作前拍的。

通常的拍攝場景是一家人開開心心坐在牆前面的沙發上，全員到齊，有爺爺奶奶，大姑一家，我的父親母親和姊姊，叔叔一家四口，都要想辦法擠進沙發裡。

通常小孩們都會被安排蹲在沙發前，擠在一起的每個人只記著要微笑，還有不要擋到彼此。

說說笑笑間，從來沒有人回頭看一眼掛在牆上的那幅畫，這幅畫總被遮擋，從來沒有完整在全家福照片中露出。

好多年過去，它也一副理所當然的就在那，沒有怨言，沒有表情。

為了避免三個玩伴為了小姑的畫作開始抬槓，三毛走到旁邊的白色矮木頭書櫃上拿出昨晚幫我們收拾好的那兩本「我的童年」畫冊，她知道從志願到實現還有很長的路要走，先過好眼前的童年比什麼都重要。

那是一本 B5 大小米色封面的精裝本，用紅筆粗體字寫著大大的「我的童年」書名，沒有過多的設計，而內頁是三百多頁厚厚的白紙，沒有一個字，連頁數編碼都沒有，中間用了白色的活頁做裝幀。

我們曾以為容易相信人的小姑是被書店老闆騙了才買到這樣的瑕疵品，居然是一本沒有字的書，然而多年後才懂，小姑把智慧藏在這本天書裡，等待我們自己摸索領會。

「跟你們說過，這是你們的童年，只有你們自己可以完成，所以空白要留給你們去創作，小姑只可以陪你們一起過童年。」

「你們看小姑的畫是黑白的，給你們買的彩色筆可是有三十六種顏色的，現在的小孩真幸福。」當年只用了三種顏色作畫的小姑也許很羨慕吧！

「可是這一盒好像不是你買的喔！是上次龔老師因為搶不到你演講的票，想跟我們要票才特地買來送我們的。」能被學校老師送禮物是一件值得驕傲的事吧！我總愛拿出來炫耀。

「那也等於是用小姑演講的票跟老師換的，搞不好票還比較貴。」姊姊有時就是過於冷靜，或者說是清醒。

我的童年畫什麼好呢？對於我來說一天天的日子只是祈禱校車上那個愛推人的小男孩每天生病不上學，被動接受每天發生的事，好像也沒什麼想用畫畫去表達的。

從小愛幻想，充滿創意的小姑似乎看出我的懶惰，「要不然就畫剛剛說到的，你們的志願吧？」她總是用鼓勵和詢問的方式和我們溝通。

我和姊姊還是屬於按牌理出牌的乖小孩，並沒有遺傳到小姑的異類基因，於是我們聽話地開始作畫「我的志願」。

我的畫風也是偏中規中矩，畫了一位斜戴著紅色鴨舌帽的畫家，臉長長的，穿著披風和窄腳褲，沒有笑容地站著，拿著一枝長過頭的畫筆，另一隻手上拿著調色板，旁邊是一些沒有特別意義的筆觸，也算是致敬小姑那幅畫作中右上角的那團黑色色塊。

我的童年，有陪伴的小姑，有一起來到世上的姊姊，有三十六色的彩色筆，有熱鬧的小學，有放學後避風港的爺爺奶奶家，還有可能也不被老師認可的畫家志願。

而我的那幅「我的志願」畫作並不出色，現在的我也沒能成為畫家，畫中卻滿溢著孩子氣的快樂和天真，還有一種我就是我的霸氣和自信。

黑白的畫作是小姑的童年，她還在摸索還在找尋，知道自己喜歡什麼，但是卻不被老師認可，有想做的事，也不知道能做多久。

正如她的那本《雨季不再來》書中的故事，紅花和鳥是少女三毛對愛的期盼，黑色的枝枒是對生命的探索，纏繞的枝枒交織出她的童年。

我也不知道當爺爺把這幅畫掛在全家最中心的位置時，小姑是否知道這是一種無聲的肯定。

成年後的小姑也陸續創作了不少畫作，回台北定居後卻把畫布換成了石頭。

她喜歡在石頭上作畫，也在每次的旅程中收集了大大小小沒有一塊重複的石頭，每一塊都是她的寶貝，每一塊都有旅人的記憶。

三毛愛畫石頭已在西班牙人圈傳開，她喜歡給石頭上色，好像給石頭換上新衣，春夏秋冬，每件衣服都有自己的個性，而每個石頭都曾陪伴三毛，傾聽三毛的內心，給她安定。

當年荷西為了安放她的收藏品和石頭「畫作」，特地親手搭建了一個木架子，而兩人離世後，西班牙的拉帕爾馬（La Palma）觀光局為了紀念三毛也在展覽廳內也擺放了許多石頭，像他們的孩子一般陪伴著兩人。

回台後，在爺爺奶奶家中也有小姑的石頭畫作，有幾塊就放在飯桌旁的櫃子上隨手可拿到的位置，奇形怪狀，沒有一塊是一樣的。

小姑因為長期伏案寫作染上背痛的毛病，普通指壓按摩已無法緩解疼痛，所以我和姊姊成了她專屬的小小按摩師。

小孩的力氣怎能對付她堅硬的背部，我也因此常常害怕被小姑點名去按摩，因為需要用很大的力氣才能按進她堅硬如石的背。

小姑就是有廢物利用的天賦，「去拿旁邊那塊藍色和黃色相間的石頭，拿來敲小姑的背，就這裡，快敲。」小姑用右手壓住右邊肩膀靠近脖子的位置，「就是這裡，好痛，用力敲。」

我緊緊握著那塊長型的石頭，雖然見怪不怪這位按摩客人的特殊需求，也害怕力道掌握不好傷到她，而顯得手有些僵硬。

爺爺奶奶在旁邊收拾碗筷，沒有人注意小姑的喊叫和我的恐懼，一個背痛，一個手痛。

那塊按摩石從此有了特殊的功能，之後的幾次按摩也沒有再用過其他石頭，這塊藍黃相間的石頭又稱「按摩石」。

除了按摩石之外，櫃子上還有兩塊叫做「癡心石」的小石頭，看起來被小心呵護著，放在角落，沒有上色卻被小姑說成是最美的作品。

那是有一次爺爺奶奶在海邊找到這兩塊形狀相似的石頭後，回家彎著腰蹲坐在陽台，幾經洗刷清理送給小姑當作對她畫石頭興趣的鼓勵。小姑這次卻沒有塗上任何色彩，特意保留了「癡心石」的原貌，也保留了父母親對她無條件的支持和癡心。

黑白的國畫換成彩色的石頭，窩在房間看書寫作，滿腹心事的少女，沒有上學，沒有朋友，藝術是她和父母寄予厚望的人生窗口。

不被了解，也不想被了解的少女在父母的包容下允許走一條新創的路，甚至幾代人都沒有嘗試過的路，不上學，只讀書，只學習。

幸運的少女碰到懂她，惜她的繪畫老師，引導她慢慢走出黑白的世界，渲染出生命的色彩，及如石頭般地堅毅，如花草般韌性的成長之路。

幾年後二毛成了三毛，走遍萬水千山，歷經人生風景，那幅畫作仍然在她成長的家中守護著家人，沒有被搬動，也沒有人提起，參與了許多全家福合影。

流浪異鄉的畫者也有著遠方家人的後盾，彩色還是黑白都是家人的愛，都是那份不說出口的陪伴。

夏天的牛仔外套

除了文學創作，姑姑有一項專長，至今我仍然萬分佩服景仰，自嘆不如。

姑姑的穿衣風格一直有自己獨特的時尚觸感和品味，在流行的洪流中獨樹一格，總能

三毛贈予作者的牛仔外套

將衣著演繹成屬於三毛的藝術品，發揮自我風采，不受一般穿搭眼光的影響。

可能因為愛閱讀，知識廣博，也因為對美感與生俱來的品味，少女三毛從小對時尚就有自己的看法，至今她的穿衣風格還是受到很多人的模仿和喜愛。

在姑姑寫過關於服裝的文章中，一篇〈紫衣〉賺了多少人的眼淚，那件奶奶幫姑姑親手做的白色鑲上紫色邊的衣服，從被姑姑嫌棄像死人顏色，到引出一段為家庭犧牲奉獻的母親錯過參加同學會的故事，每次重讀都忍不住心揪。

那場雨中三輪車追逐轎車的戲碼，雨水中夾雜著奶奶熬夜燉煮的紅燒肉和羅宋湯，母女三人坐在三輪車上眼看著同學的接駁車開走，對每天在廚房中忙著的奶奶來說，錯過的是一次回到青春，做回那個愛打籃球的開朗女孩的機會，同學這一別就是四十個年頭，是否還能有下次相見都不敢想。

而那件淋濕的紫衣也成了三毛心中的懊悔，懊悔自己年幼對穿衣的執著而耍的小性子，也替善解人意的奶奶懊悔沒趕上的那場同學會。

這件已不存在的小洋裝，如今仍感動著千萬讀者，或許很多女人小時候也都曾為了穿搭而跟母親任性過，如今想想多少有些後悔吧！

八〇～九〇年代，因為男女平權風氣的漸長，開始流行中性穿著，寬鬆的大T恤印上有態度個性的圖案，用衣著無聲地表達個性成了一種風潮，而這種舒適感和小叛逆的風格也正合我意，也給懶得打扮的人有了時尚的藉口。

「來坐，快坐，別站著，都坐吧！」奶奶招呼大家坐下。

每個週末我們家人都會來到位於奶奶家附近健康路的小統一牛排館聚餐，通常都是在週日做完禮拜的中午，那時的我早已因為週日早上還要早起趕著出門沒吃早餐而飢腸轆轆。

進門時身穿白衣黑褲的餐廳員工總是排成一排，面帶笑容地歡迎我們，然後在昏暗的燈光下，踩著厚厚的紅色地毯，領我們到最裡面包房的固定坐位。

爺爺總是坐在長桌一頭的主位，奶奶坐在旁邊，其他人隨意入座，並沒有固定坐位。

因為西餐是每個人各自點餐，從前菜到湯，麵包，主菜，配菜，飲料，甜點和水果，還有人要換套餐中的菜或發揮創意胡亂搭配午餐菜單裡沒有的東西，我們一行十人左右，一來一去總會花很多時間。

「快點選吧，我血糖低，不能再餓肚子了。」我那個急脾氣的爸爸總能說出我不敢造次的心聲。

等上菜的時間也是一家人分享一整週日常的時間，對於這種面對面純聊天的場景，正值青春期的我其實常感到尷尬和不適，腦子裡祈禱著我點的餐點趕快上桌，這樣就可以低頭避免和對面的人對視。

墨菲定律無處不在，只要心裡一感到尷尬，敏感的小姑總能一秒察覺到。

當時的我很少主動開啟話題，卻默默地聽著大人的你一言我一語，卻只有小姑總能注意到我們小孩的表情，怕我們被冷落。

「天慈，你認識你身上那件T恤上面的大英文字嗎？」小姑總愛注意我們的穿著打扮。

「Forever Young。」還好單詞難不倒我。

「哈哈，你們才十五歲，當然年輕啦！這衣服應該給姑姑穿，我想永遠年輕。」小姑說完，我只能微笑地猛喝水，心想我穿它也不是因為想變年輕啊！

從古至今不變的是，有一種冷，是奶奶覺得你冷。奶奶突然打了一個噴嚏，優雅地用手絹遮住嘴巴。

「天恩，裙子太短了，腿露出來會冷，快蓋上外套吧！」奶奶似乎對小姑說的變年輕的話題沒有興趣，在她眼中不要著涼比美觀重要太多。

此時的小姑已笑翻在椅子上，「姆媽，你覺得冷，怎麼叫天恩穿衣服，又不是她打噴嚏。」天恩害羞地摸了摸自己的腿，還是沒有蓋上外套。

也不能怪奶奶，在爺爺奶奶的年代穿衣只是保暖，整齊乾淨就是最大的得體，也難怪會有〈紫衣〉的故事。

因為是家庭聚會，沒有必須要化妝才能見的外人，所以奶奶，大姑，我母親，嬸嬸都只畫了淡妝，而我注意到只有小姑畫了藍色眼影。

藍色是我最喜歡的顏色，也一直不知道藍色可以出現在人的臉上，只是如果那是小姑，也就不奇怪了。

小姑穿了寬鬆的牛仔外套，我不記得裡面穿了什麼，下面是一件寬鬆的牛仔褲和高幫的白色球鞋，全身上下止不住的洋氣，帥氣而不失溫柔，獨特而怡然自在。

眼皮上的藍色眼影正好和藍色牛仔外套相呼應，不知道姑姑是事先想好要穿這件外套而畫了藍色眼影，還是先畫了眼影才搭上藍色牛仔外套，反正是新奇也好看的。

忘了是從幾歲開始，我開始對穿衣有自己的想法，只記得除了週一到週五需要穿制服，週末才可以自由發揮穿搭，而看似隨意實則時尚是當時的我很自豪的穿搭風格，或許只是自認為的時尚吧！

熱愛時尚的小姑怎會不知道我刻意穿出的輕鬆風格，這點意圖在她看來可愛又拙劣，卻從不說穿。

當時社會對女性的分類很狹隘，也很局限，身為文學作家的三毛卻憑著一己之力打破了這層對女士的預判和偏見。

或許正是因為如此，她不經意間引發了當年一股模仿風潮，那時許多人紛紛效仿三毛的穿著風格，試圖捕捉到她散發的與眾不同的魅力，有人稱為波西米亞風格，而我卻總感到滿滿的流浪風情，她的衣櫃也和我母親香香的衣櫃不同。

從一九八一年後，小姑結束了在外漂流的日子，正式回到爺爺奶奶家定居，正值我的高中生涯，也是開始美學亂搭的試錯時期。

一次午後，小姑難得在中午前起床，吃完午飯回房間換衣服，準備出門。

小姑的房間和一般女生的房間不同，沒有粉色紅色的裝飾，也沒有蕾絲桌布的梳妝台，只有木頭的書桌和書架，樸實無華，這些就是她給房間最好的裝扮了。

我和姊姊照常懶懶地躺在小姑房間的地毯上，在這裡可以坐沒坐相，能坐絕不站，怎麼舒服怎麼來，所以我們很喜歡待在小姑房間。

手上拿著小姑買的《亞森羅蘋》，一頁也沒翻，眼睛卻落在小姑身上。

即使房間沒有過多裝飾，她仍然是愛美的，只是她愛的美常常走在潮流的前端，她卻總能自信地穿出一般人認為原來還能這樣穿的美感。

衣櫃位於房間靠左邊的牆角，那時的房間大多沒有另設衣帽間，對於長年在外的小姑來說，留在衣櫃裡的衣服越少就表示她這趟回家不會待太久。

那些來自世界各地的襯衫，毛衣，T恤，長裙短裙，長褲短褲，絲巾和包包，以及成堆的銀飾配件，靴子，涼鞋和球鞋等等，加上浴室裡寫滿英文的瓶瓶罐罐化妝品，保養品，都是她除了拾荒以外很大的收集愛好，我想也帶給她不少快樂吧！

「去茅廬茶館應該不用穿得太正式，而且還要席地而坐，還是穿長褲吧！」小姑自言自語，隨手拿起一件常常穿的紅色長裙。

原本就沒有真正在看書的我和姊姊，終於等到這一刻，好像抓到小姑的語病一樣，異口同聲大笑起來。

「哈哈，你說長褲，你看你拿的是什麼？」我首先發難，很是得意。

「又是這件長裙，小姑你每天都穿這一件喔！那還選那麼久幹嘛，哈哈。」我知道姊姊其實對姑姑的長裙很感興趣。

小姑有點不好意思，「你們不知道，女人永遠少一件衣服，就是出門要穿的那件。不信去問你們媽媽，她的衣服也很多吧！」

「我覺得你穿牛仔衣服好看，我也喜歡。」也許我崇拜的是她遊歷世界帶回來的那份瀟灑自信，牛仔布料在她身上只是種襯托罷了。

我走近她的衣櫃，找到那件小姑穿去午餐家庭聚會的牛仔外套，開始拉拉衣袖，扯一扯連衣帽。

那是一件有厚度的牛仔外套，顏色是標準的牛仔布顏色，卻在設計上和其他我看過的牛仔外套很不一樣，裡面的標籤上寫著「New York Peter」，至今都沒聽過的牌子。

「拿出來穿穿看吧！吃飯時就知道你會喜歡這件，這是姑姑在歐洲買的，台灣沒有，台灣的牛仔外套大多沒有帽子，有帽子的顯得年輕。」姑姑知道那是我喜歡的風格，很快地幫我套上。

突如其來被套上這件心儀的外套，彷彿心儀的對象剛好走近你，帶著點陌生又想嘗試靠近。

我被拉到房間旁邊的浴室鏡子前，小姑幫我把深藍色的領子翻好，「這種外套不要傻傻地把拉鍊都拉上，再冷也不拉的，要不然會顯得臃腫，也就沒有牛仔的灑脫了，你看，好看吧！」

不得不說，小姑的眼光真好，那時剛上高中的我身高體重已和她差不多，只是還學不會她駕馭衣服的氣勢。

長袖側邊有紅色的條紋，呼應著中間紅色的拉鍊，深藍色立起來的領子顯得我的脖子很細，胸前的兩條粉紅色的束帶給牛仔外套增添了些許柔美。

我意識到鏡中的自己和小姑的不同，不甘示弱地挺起了胸，把兩隻手插進前面的兩個口袋，卻因為口袋太小，有一半的手卡在外面，臉上露出青春的害羞帶著期盼長大的興奮。

「那個口袋不能放進去，只是裝飾用的。不要駝背，挺起來。你穿也好看，就給你穿吧！姑姑再去買。」轉身小姑站回到衣櫃旁繼續忙碌著，我還來不及客氣，心中卻有得逞的快意，當然感謝也是有的。

真暖，真好看，彷彿已長大走在歐洲街頭。

後來小姑還是穿上她最喜歡的紅色長裙，搭了一件黑色合身的針織上衣，瘦瘦的穿什麼都好看。

一出房門，奶奶一眼就覺得小姑會冷。

「穿外套啊，你晚上回來會冷，台灣的冬天天氣你不熟悉，別感冒了。」小姑嘴裡說著不冷，還是乖乖回房間套了一件褐色皮外套，再給自己搭上褐色側背包和黑色短靴，一六三公分的她看起來已超過一七〇公分，真是位當代穿搭高手。

每個人的衣品都是專屬的標誌，姑姑的服裝選擇似乎總能準確地映射出她內心豐富多彩的個性，她穿出的不是簡單的色彩搭配和材質舒適，而是經歷人生後的釋懷和自我的關愛。

曾經我一度以為穿上三毛的衣服，就能有那股闖蕩世界的勇氣，就能像她一樣無懼地去愛去經歷，傷心而從不退縮。

可惜我只是普通人，有普通人的怯懦甚至無知，我實在無法堅持每天去健身房雕塑身材，我也愛吃宵夜，刷手機和看動漫，寫作是興趣，但有時也會偷懶和詞窮，顯然文筆和小姑差了一個太平洋加上一個大西洋。

但是我有我的開心和韌性，不能每天運動，一週二到三次還是能堅持的。不能像小姑一樣天天閱讀，一目十行，每週也總能拿起書本翻幾頁。無法在撒哈拉沙漠孤身挑水走很長的路，還要防備鄰居偷水，至少我有旅途中用心體會的觸角和心境。

有時會在網上看到很多人想做小三毛，現代三毛，一頭長髮，一身長裙飄逸，風情萬種地在沙漠拍照片，我感激他們對三毛的喜愛，但是相信小姑在世也希望她的讀者能做自己，有自己的想法和人生觀。衣服可以因為崇拜而模仿，人生還是要自己走。

三毛只是一個啟發，一個不同人生的想法和經歷，每個人都會有自己獨一無二的人生劇本，沒有人能做三毛，但是我們可以找到自己的撒哈拉，或是身處一葉扁舟，也能怡然自得。

穿衣這種哲學是個性和態度的表達，換下學生制服的我們能在穿搭上找到表達的樂趣，除了保暖和禮節，何嘗不是一種日常的小歡喜。

小姑送我的那件牛仔外套很厚，很溫暖，因為怕髒也怕乾洗後的折舊，她走後這件外套也被小心地保存在衣櫃裡，默默陪伴著我，一年又一年，一個家又一個家。

三毛在〈林妹妹的裙子〉中說，穿上那件她在街邊小店買到的桃紅色古裙總想起紅樓夢中的林妹妹，我亦然。

前年我曾試著在十二度的北方夏天套上她的那件牛仔外套，裡面隨性地搭上一件白色短袖T恤，見到的人都說好看。小姑的外套陪我見過很多人，經歷很多事。沒有了青春的羞澀，也多了自我的態度和倔強，衣服上不再有她的味道，卻多了我倆的故事。

三毛圖書館

相信許多人都有這種經驗，整理房子或搬家時才發現自己有很多書，這些書有些看完了，有些看了一半，有些買了根本沒翻開過，有些買了以為自己會看完。丟掉可惜，留

三毛西班牙友人 Nancy 的書架

下佔了很多空間，書架永遠不夠放，索性捐給慈善機構或二手書平台。有時我也會想，如果姑姑活在現在的世界，她那些書會如何處理，她是否會看電子書或網路文章？

她其實是一個對新鮮事物充滿好奇和願意嘗試的人，正如有些讀者會問我三毛如果在世能不能習慣快速的網路世界迭代。我想她會去嘗試，會和讀者在網上聊幾句，正如她應該會嘗試閱讀電子書和網文，而那個教她網路應用的人很可能是我，只可惜這個體驗也只能停在幻想的夢境。

姑姑愛閱讀的細胞是遺傳自我的爺爺，也就是姑姑的父親。爺爺是一個在家也會穿上白襯衫，西裝褲，梳上油頭的紳士。他很少大聲說話，即使身為律師在法庭上辯護也從不咄咄逼人，反倒是邏輯清晰，以理服人。我永遠記得還未上小學的我坐在旁聽席，看著爺爺帥氣地站在法官面前發言，原來那些書架上的書都化成替人伸張正義的知識內核，那些厚厚的法律書籍關鍵時刻都能救命。後來我進了東吳大學法律系，喜提爺爺送我的第一本法律辭典，我想他心裡是開心的，正如姑姑書中也提及爺爺那從不說出口的為子女感到驕傲，或許這是那個年代的讀書人的氣度吧！

這本法律辭典也陪我從大學一路到溫哥華，再帶回台北家中的書架上，又是一本流浪半個地球的書。

記憶中姑姑的書架有幾處，散佈在世界各地，很多她的書也是跟著她流浪世界陪伴她度過許多年歲。

爺爺奶奶在台北南京東路四段的家中特地在安靜的向陽之處作為姑姑的臥室和小客廳。小客廳也是她放書的空間，所謂「放」並不是放在高高的書架上。這個小客廳極具三毛風格，書架是一排沿著牆白色的矮櫃子，姑姑的書就或躺或坐地放在矮櫃的格層中。因為我和姊姊是除了姑姑以外的小客廳常駐居民，寒暑假都會來過夜，所以常常去矮書櫃上翻找想看的書，大概因為整理好也會被我們翻亂，姑姑也懶得去整理

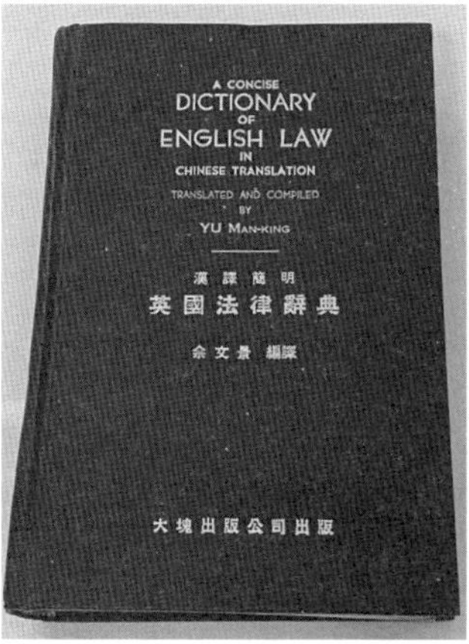

爺爺送作者的法律辭典

了，再說亂一點比較有煙火氣，太整齊像書店，也不敢觸碰。

不同於爺爺書房書架上放滿了成套的法律書，中文英文都有，還有給我們小孩準備的《古文觀止》，《唐詩三百首》；姑姑的書架上有西班牙文跟德文的書，當然還有她給我們買的兒童書，正如她的抽屜也給我和姊姊留了兩格小孩自己的空間，書架上也是。有我喜歡的《亞森羅蘋》，《福爾摩斯》，有姊姊喜歡的《茶花女》，《格林童話》，中間穿插著《小王子》英文版，也是姑姑最喜歡的寶貝。書架上的位置是她心裡的位置，有我和姊姊，也有我們一起寫下的篇章。

然而，在姑姑的小木屋家中沒有特別設置書房，書架總是放在開放的客廳和飯廳中間顯眼的地方。掛在書架上的鳥籠裡有一個穿著黑白衣服的哭臉小丑，相信許多看過三毛《我的寶貝》這本書的讀者印象都很深刻，而對我來說也是小時候的夢魘，很害怕接近他，總覺得會感染哭臉的負能量，現在想想可能是姑姑的心情表象，哭出來或許比較好。

這個放在開放空間中的書架常常是滿座的狀態，能擠進姑姑書架的書都很幸運。她對書的情感和珍惜不亞於她的衣服和化妝品，對一個女人和作者來說，外在和內在的美感富足都很重要。姑姑具有一目十行的能力，我相信她看過大部分書架上的書，而這些書也陪伴她度過每個寂寞的夜晚，或者是忙碌熱鬧的白天後，姑姑享受獨處時的最佳夥伴。

很多人好奇三毛喜歡讀什麼書，是怎樣的閱讀土壤長出她這樣的創作天賦？

在三毛的書中出現過許多她喜歡的書，在此小小舉一些例子，中文著作有《紅樓夢》，《水滸傳》，《西遊記》，《七俠五義》，《三毛流浪記》，《射鵰英雄傳》，《古文觀止》，《筆匯》，《現代文學》，《易經》，《尚書》，柳宗元的《溪居》等等；西方著作有《小王子》，卡夫卡的《變形記》，歌德的《少年維特的煩惱》，以及《查泰萊夫人的情人》，《天地一沙鷗》，《木偶奇遇記》，《格林童話》，《安徒生童話》，《基督山恩仇記》，《唐·吉訶德》，《飄》，《簡愛》，《傲慢與偏見》，《咆哮山莊》，《罪與罰》，《小婦人》，《莎士比亞全集》等等。

她念的書遠不止於此，閱讀是她最好和永遠不會離開的朋友，無論飛到世界各地都是如此，無可取代。

「這些都是姑姑送你的書嗎？保存得真好，謝謝 Nancy 姐。」看到姑姑帶去西班牙大加那利群島的書籍，如今安好地放在 Nancy 姐家中的書架上，我感到很欣慰。

二〇一九年我來到西班牙的大加那利群島，接待我的就是 Nancy 姐和其夫婿強哥。

Nancy 姐認識三毛時還是個在西班牙長大，時年十五歲，中文不太好的女孩。聽說鎮上要來一位作家，當時《撒哈拉的故事》也已出版，受到很大的歡迎。她們在一次朋友的聚會上認識，羞澀的 Nancy 姐不敢上前和三毛打招呼，就這樣遠遠觀望，默默欣賞。直到後來的家庭聚會上才有了更近一步交流的機會，也正是因為這次的緣分，後來三毛的書在她離開後有了收留的居所。

「當時我知道你的姑姑那有很多中文書，而我的中文不太好，但是也很想看中文書，所以你的姑姑就主動邀請我去她家看書。她的家離我們家有一段距離，當時她會來我父母親開的飯店吃中國菜，也會帶幾本書給我看。後來我考到駕駛執照，就常常自己開著車去找你的姑姑，我們成了忘年之交，當時的她應該已經三十三歲了。」Nancy 姐聊起姑姑總是淡定而深情，這段友誼是她一生中很意外也很重要的印記，後來的幾年也因此認識了許多三毛的親友和讀者。

「除了忘年之交，姑姑可以說是你的中文老師，你因此接觸了很多中文書。」我接著問，很想知道更多兩人的故事。

「我們有時候用西班牙文交流，她會鼓勵我多說中文，也會和我父母親聊家鄉的事，還會跟我父親學做中國菜給荷西吃，我們就像家人一樣，幾乎每週都會見面，真的很懷念那時的時光。沒有她，我的少女時期會少了很多色彩，她是一個對我來說很重要的人。」Nancy 姐似乎眼泛淚光，又怕過多的情緒影響後來帶我參觀的行程，她是一個很替人著想也有著拉丁美洲民族熱情性格的女人，從她對姑姑的書一本本細心照顧中可以看出。

書架上放滿三毛味道的相關物品，與其說是書架，更像是專屬三毛的回憶角落，Nancy 姐和強哥對這位故人的愛透過這個書架呈現，真是懂她的知己。

「這些石頭好像不是姑姑畫的吧？感覺比較現代的風格。」我也喜歡畫畫，所以從畫風上也能看出一二。

三毛西班牙友人 Nancy 的書架

「不是，這些都是強哥畫的。他跟你的姑姑一樣喜歡畫石頭。」Nancy姐得意地笑。

夫妻倆都是愛好藝術的人。娃娃看天下的瑪法達，可愛的爺爺奶奶，小駱駝，沙漠風景，夜景黃昏，長頸鹿，從石頭的畫作上也能看出強哥的童心和幽默感，還有對生活的觀察和熱愛。

書架上的C位自然是《三毛全集》，繁體和簡體的版本都有，還有一些讀者們送給 Nancy 姐的禮物，每件都是感謝，感謝Nancy姐兩夫妻當年陪伴三毛，也保存了我們的回憶。

我隨手抽出一本《張拓蕪自選集》，「張拓蕪是我小時候常常聽到的名字，跟姑姑是好朋友。」那時候的姑姑常常和奶奶提起她的作家好友們，張曉風，林懷民，小民，杏林子都是小時候還未讀過這幾位大師作品時的我就深深刻在心上的名字，記憶中姑姑好友的名字。正如大部分女孩子，講起好友的姑姑也常常是滔滔不絕地分享，這些朋友也陪伴失去荷西後回到家人身邊的姑姑，一點一滴幫助姑姑走出傷慟。

二〇二四年二月，我在書展上和張曉風老師有過一面之緣，提起和姑姑的友誼，她臉上露出不捨。這些時代的文學大師們用筆留給世人的不只是文字，更多的是思想上的碰撞和生命的交錯，每本讀過的書都像是認識作者的過程，建立起的友誼。靜下來寫作在這個吵雜快速的世代中並不容易，而這些年事已高的大師們至今仍穿梭在各個書展和新書發表會上與讀者見面，感謝他們為文壇的貢獻。不是做每件事都需要有目的，因為喜歡而去做的事更顯動人。

有時候會聽到出版界的朋友感嘆現在的書不好做了，作者辛苦寫出來十幾萬字的書，其中還包含了編輯和美編的心血，上架後經過幾輪的打折，價格還不到一杯奶茶的錢。投入

張拓蕪贈予三毛的書籍

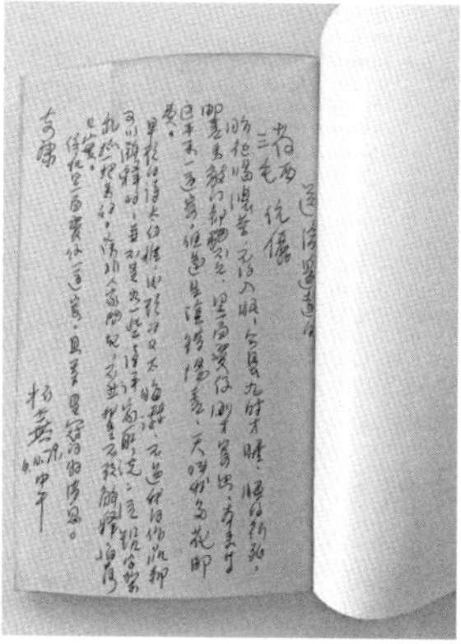

張拓蕪簽名扉頁

這個行業的人多少是有熱愛和情懷的，只是熱愛和情懷也要溫飽。三毛曾說：「愛情，如果不落實到穿衣，吃飯，數錢，睡覺這些實實在在的生活中，是無法長久的。」我想出版也是，如果不落實到實實在在的銷售上是無法長久的。我相信書不會消失，有文字就會有書。每本書都有自己的內容，好似每個人有不同的個性，每本書也承載了很多人的故事，作者的故事，寫作過程中的故事，買書人的

張曉風贈予三毛的書籍

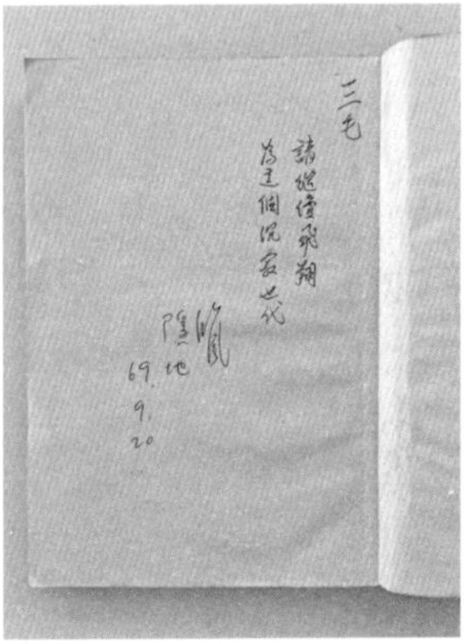

隱地和張曉風簽名扉頁

故事，送書人和被送書人的故事，代代相傳，靜靜地等待下一個人去開啟，去發現。

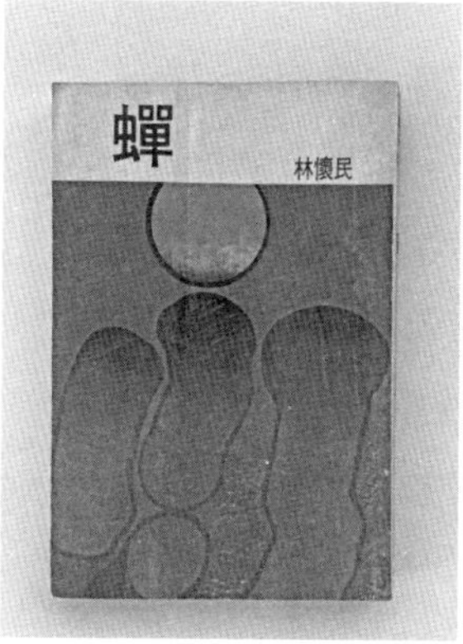

林懷民簽名扉頁

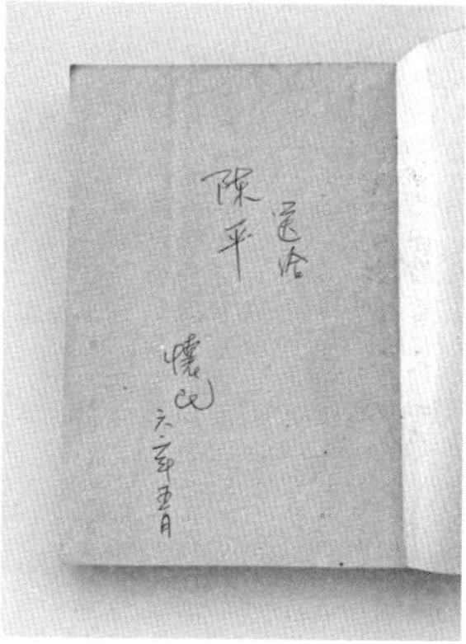

林懷民贈予三毛的書籍

作者和張曉風老師

撒哈拉的故事二〇二四（上）：死果的真相

一直以來，當別人知道我和三毛的關係後常常會把我當作解答書，好似終於有個大活人能解答多年心中的懸案。疑問有千千種，有人問荷西是不是真的存在？有人問三毛寫的都是真的嗎？三毛為什麼叫三毛？

更多人問起撒哈拉的故事中那篇神祕的存在——死果。通常問起此事時的表情都是膽怯又睜大眼睛萬分好奇的，尤其是當我與去了一趟撒哈拉沙漠，探訪了小姑當年住的故居，這個未解之謎也在我心裡一直被翻出。

就這樣這趟旅行被賦予許多的意義和任務。

來到阿雍時，最期待的重頭戲就是去小姑的故居看看，那個家人一直擔心她生活窘迫的居所，那個曠世巨作《撒哈拉的故事》的原型場景和真人真事，迎接著我去解答，去還原。

金河大街四十四號，目前的屋主摩斯塔法是三毛書中娃娃新娘最小的弟弟，也是同行摩洛哥友人 Hanif 的好兄弟。

因為摩洛哥人刻在骨子裡的悠閒，做事說話都是不疾不徐，即使我們心中的興奮之情已溢於言表，還是努力表示出中國人的優雅和從容，表示不著急探訪三毛故居。

「摩斯塔法先生請我們先去他的住所喝茶，聊一聊。」Hanif 在傍晚六點左右傳來訊息。

八點見面六點才通知，這樣臨時說走就走的邀約也是當地特色。本著入鄉隨俗的精神，剛從沙漠回來的我們，沾了一身的風沙，趕緊洗澡，換掉滿是塵土沙子的衣褲，稍作梳整，貌似淡定地出現在摩斯塔法先生的住所門口。

在摩洛哥的行程，這已是第四天了，早已習慣滿大街穿著白色長袍的阿拉伯男人和蒙面的阿拉伯女人，然而摩斯塔法的氣質還是有著特殊的氣場。

「哈囉，你好天慈，家人，我是摩斯塔法。」他一邊說一邊握住我的手。

透過翻譯，他稱呼我為「家人」，我是驚訝和驚喜的。

接著握手後是一個大大的擁抱，冷不防，卻也有溫暖。

緊接著是長達十分鐘站在門口的寒暄，聊這幾天忽冷忽熱的天氣，聊旅程中找不到路的小遲到，甚至還聊到植被破壞的話題，證明三毛書中說過和摩洛哥人喝茶，就要做好一整天耗在那的心理準備。

因為有了前幾天和當地摩洛哥人開會的經驗，我們知道前期的寒暄是會以各種方式呈現的，繞來繞去花了很多時間，慢慢才進入正題，很考驗耐性，急性子可能血壓飆高，但這是當地人的禮貌和客氣，也只好忍著。

終於，「我們進屋聊吧！」摩斯塔法發出了邀約，我們趕緊接上話：「好的，好的。」鬆了一口氣。

這是一棟座落於市政府附近的別墅型房屋，米白色的牆壁顯出恬淡的沙漠風情，四層樓的高度，可以俯瞰對面的公園。

當我第一步踏入這棟房子時，「這是摩洛哥人的家啊！」我心中發出尖叫，坐了十六小時的飛機輾轉來到這片姑姑的土地，眼前這位是姑姑當時的鄰居家人，他們的生活方式，也就是姑姑經歷的文化衝擊……許許多多的心裡小劇場都在踏進玄關的一刻湧現。

屋內很涼爽，燈光很灰暗，當時外面的天還是亮的，屋內卻好似夜晚，這也讓室內溫度下降了幾度。

「要不要先和我的母親打聲招呼？」摩斯塔法指向客廳的位置。

我們一行人杵在客廳的門口拖鞋處，沒人敢先進去，眼睛卻偷偷瞧進裡面。

屋內坐著一中年男子和一位老年女士，與其說是坐著，不如說是半躺著。沙發是長型的坐墊連成一排，所以可以橫躺著，地上放了著名的摩洛哥地毯。

整個客廳空間非常寬敞，除了長型坐墊沙發，沒有其他家具，也因為屋頂挑高很高，顯得很大器。

摩斯塔法走過去彎下腰和母親親吻面頰，說了幾句話，中年男子走出客廳，並沒有和我們打招呼。

三毛書中有幾次出現娃娃新娘姑卡和摩斯塔法的父母親，罕地和葛伯。罕地已在幾年前去世，葛伯就在我眼前。

這位在〈死果〉那篇文章中救了姑姑一命的女士，姑姑的好友和房東，如今穿著身紅色渲染的長袍，頭是包裹著的，帶了一副紅色的眼鏡，還有點時髦的味道。

她面帶微笑地看著我，彷彿要看穿我的骨我的肉，看出一點好友三毛的痕跡記憶。

我有些不好意思地上前打招呼，半蹲著扶著她的手說：「您好，葛伯女士。我是天慈，三毛的姪女，我來看你們了。」

她要我坐在她旁邊，轉身看著我，說著我不懂的話，一旁的 Hanif 用英文跟我說：「她說很高興見到遠方來的家人，也很意外還能見到三毛的家人。」

左起作者，葛伯，摩斯塔法

葛伯因為年紀已大，說起話來氣若游絲，很費力，從她的眼神中卻可以看出熱情和溫柔。

我們坐著拍照，聊了幾句。看到眼前這一位年邁體弱的母親，用盡氣力招呼我們，加上才初次見面幾分鐘，心中縱有千萬疑問也不敢問出口，只好意思說些簡單的問候。

「我們上樓聊吧，準備了茶和點心。」摩斯塔法說道。

於是我們和葛伯簡短道別，想著或許等離開時再來正式道別。

走上狹窄的樓梯，經過二樓的陽台來到三樓另一間小客廳。

又是長型坐墊的沙發和摩洛哥地毯，不同的是房間中央多了兩個圓形小桌子，桌子上擺滿了零食和茶具，各式各樣的棗子，裹著白糖的果子，還有麵包和水果。

「快坐，自在一點。」摩斯塔法自己先選在茶具前席地坐下。

我坐在他旁邊，本想坐在沙發上，因為摩斯塔法席地而坐，為了方便說話，我也選擇盤起腿席地而坐，感覺到摩洛哥地毯的舒適。

摩斯塔法開始泡茶，手法和中國人泡茶極為相似，也是來回沖洗茶杯，再把水倒掉，再用公杯沖泡一次，再倒掉，最後再將泡著茶的熱水倒入公杯，再倒入我們的茶杯中，茶杯不是陶器的，而是沒有把手的玻璃杯，所以蒸氣上來整個杯子很燙，茶也很燙嘴。

我小心喝了一小口，好甜，是沒想到的清甜，像摻了蜂蜜，也正好醫治我一到沙漠就乾咳的喉嚨，一陣舒服軟入胃裡。

兩位摩洛哥男士摩斯塔法和 Hanif 用阿拉伯文談著天，我一直吃著桌上的果子，這個時間不是應該吃晚飯了嗎？然而在摩洛哥晚餐總是八點以後的事了。

「這次有點遺憾，沒能見到姑卡。當年的十歲娃娃新娘，姑姑的這篇文章得到很大的迴響，很多人都希望知道她的近況。」我還是把第一個疑問說出口了。

Hanif 向我使了一個眼色，好像有些恐懼冒犯到摩斯塔法。沒辦法，有時候就是管不住我心中的小任性，想問就問吧！大老遠飛這一趟見姑姑的故友家人，下一次見面也是遙遙無期。

反倒是摩斯塔法好像知道我們憋在心中的疑問，早早準備好幫我們解答。

「姑卡不住在這，最近她身體不好，常常去醫院，前幾個月還去了一趟西班牙本島治病。她一直記得三毛，三毛離開阿雍時她好像失去一位姊姊和好友，之後也不常外出，大部分時間都在家裡照顧家人。」摩斯塔法沒看我們，一邊說一邊開始製作一種摩洛哥奶酪。

我好奇地盯著他手上的酸牛奶和使勁加入的白糖，然後用力攪拌。他的腿因為腰傷不能久坐，加上手一使力，腰就會痛，致使他常常要換個姿勢。

「沒關係的，我們能理解每個人都有自己生活上的難處，姑卡也已經六十歲了吧？三毛在這裡的時候，姑卡才十歲。今年是三毛在撒哈拉居住的五十週年紀念，剛好也來到這見見姑姑的好友們。」我有些擔心姑卡的疾病，也不好意思過問，只能就他願意說的部分表示關心，沙漠中女性的生活常常是個人隱私的一部分，即使是兄弟姊妹也未必都清楚，更不用說是身體上的疾病了。

此時，摩斯塔法可能是因為腰傷疼痛，他站起身走動，做了一半的摩洛哥奶酪在一個大的玻璃茶壺裡，看起來很濃稠。

幾分鐘後，摩斯塔法抱著好多相簿跟禮盒進房間，面帶著得意的笑容，把東西堆到我腳旁，我下意識把腳縮回，東西散了一地。

我用中文說了一句：「這什麼啊？那麼多？」同行有人笑出聲。「這是鳳梨酥禮盒啊！還有中秋禮盒，現在都一月了。」

在這個遙遠的國度能見到家鄉特產，還是原封不動地被保存著，心想摩斯坦法一家人一定很珍視這些遠渡重洋而來的禮物，甚至過期了也沒打開吃掉，可千萬別現在打開要我們一起吃。

「這些都是以前自己找過來的三毛讀者贈送的東西，還有幾份明信片是你的家人寄來的，還有你叔叔寫的一封信。」

摩斯塔法很快地把所有禮盒，照片簿都一一攤開。照片簿裡都是讀者在網路上收集的三毛照片，仔仔細細打印出來裝成冊，作為這家人回憶的安慰，也是三毛以另一種形式和這家人的重逢，讀者和三毛，還有姑卡一家人，在不同的時空中巧妙地連結，而我有幸能見證著這一切。

我把照片從第一本翻到最後，卻沒看見姑姑當時和他們的合影，心裡又抑制不住好奇了。

「不知道是否有當時三毛和你們家人的照片呢？或者是她送給你們的東西呢？」由於年代久遠，其實不敢抱著太大希望。

果然答案是遺憾的，「沒有了，那時我們很少拍照，三毛離開這裡時也很匆忙，我的爸爸媽媽也沒能和她說再見，我當時還很小，更是沒機會。」當時沙漠裡的婦女不喜歡拍照，也不喜歡見陌生人，所以很可惜沒留下照片。

後來摩斯塔法也說到因為過多讀者找到三毛故居，也透過各種關係想見姑卡，這給她造成很大的心理陰影，她感到像動物和商品一樣被觀看和要求合影，她情願平淡的生活不被打擾。

既然說起沙漠中的習俗，我順勢聊起姑姑書中的故事。

「很多讀者喜歡三毛書中的一篇文章叫做〈死果〉，喜歡的原因是神祕的氛圍和救援過程被三毛描寫得很緊湊。能不能講講關於這方面的傳說或風俗或是您母親是否記得這件事？」我一時間好像記者一樣訪問起來。

摩斯塔法先生

行事拘謹的 Hanif 有些擔心我又問了不該問的事，在他濃密鬍鬚下感到他的嘴唇在顫抖。

我假裝沒看到。

摩斯塔法把奶酪從大茶壺倒進一個木製的缽里，我本以為他會向倒茶一樣再分裝到杯子裡，但是他卻自己對著嘴喝了一口。

還不等擦乾淨嘴上白色的奶酪，他把缽遞給我。這是要我也用這個缽喝奶酪？這是習俗嗎？如果我拒絕是不是不禮貌？不拒絕內心又過不去，他怎麼那麼自然地遞給我，那我喝完要遞給旁邊的 Hanif 嗎？這樣不是口水傳口水，水水相連，有點噁心。

我還是順勢喝了一口，刻意避開他喝過的地方。

「好喝，很濃的奶味。」另一邊的 Hanif 伸手拿過去，毫不猶豫地喝了一大口，鬍鬚變成白色。

這口奶酪就當作是聽〈死果〉這堂文化課的前菜吧！

白袍下有點重量的身型讓摩斯塔法有點難移動，他艱難地側了側身轉向我，慢條斯理地說起。

「死果不是果，是我們謠傳中的一種巫蠱之術，是不祥的詛咒。當時人都很怕，也有很多讓人害怕的事情發生。我記得當我還是孩子時也很害怕，甚至晚上也會睡不著覺，深怕枕頭下被放了一個死果的金屬片。」

「家中的大人告訴我們，在街上看到沒人要的小布包千萬不要碰，裡面可能有寄身的鬼魂等著找替死鬼，或者會把你本身的病痛放大來減輕他自身的罪孽。」

此時裝了奶酪的木鉢已傳了一圈，回到摩斯塔法手中，他見木鉢已空了表示大家很喜歡，所以又從大茶壺中倒了許多進去。

同樣的順序，他喝一口，我喝一口，再傳一圈。

「那姑姑書中提到有一個小布包被她丟掉了，那個裡面還有什麼？」

我這追根究底的執念來到沙漠也沒改變。

「那個更可怕了，聽家中大人說是已故的人的骨頭碎片，有時是親人為了紀念放的，有時是盜墓的人為了害人放的，總之不是好東西，你們這幾天如果在街上看到千萬不能碰。」

這種把骨頭碎片放在袋裡隨意丟棄，等人撿到的戲碼很像是我們中國民間傳說的借身體還魂轉世。也很像小學時有位女同學，言之鑿鑿地告訴我路上的銅板不要亂撿，可能有鬼魂等著投胎，並把自己的陰氣轉到撿到的人身上。

想到這裡，我轉身一隻腿跪在沙發墊上，伸手把後面的窗關起來，一陣陣風涼颼颼的。

桌上包裹著白糖的果子，瞬間覺得詭異起來，我再也不敢碰了。

同行的友人開始搜尋三毛〈死果〉這篇文章，打算一一提出來解惑，這個摩洛哥人家中的夜晚不但充滿天方夜譚的異國風情，現在更多了不可思議的神祕感。

「還好三毛沒有把那個小布袋打開來看，要不然她會遭遇更可怕的事。」我這份慶幸好像也沒讓氣氛輕鬆下來。

「那個年代本就有很多人越害怕就越會編造故事來嚇自己，畢竟以前巫師是可以左右很多人的生死的。我們也認為會在街上撿東西的都是低著頭的拾荒者，那些人因為吃不飽穿不暖，體質本來就弱，所以容易被那種東西盯上，誰知道有個鄰居會染上這種事，那時確實很多人都覺得三毛實在很倒霉，也不是每個沒人要的小布袋都有巫術，偏偏被她撿到。」

此時的摩斯塔法已經是年近五十的大叔，講到這種事情，還是感到後怕。雖然如此，我還是不敢相信這樣一個小東西能讓姑姑胸肺胃都痙攣成團。

在座的每個人陷入自己的沉思中，突然……

「哈哈，騙你們的啦！看看你們都不說話了。你們都覺得沙漠充滿著神奇的力量，好像我們在這住的人個個都會妖術一樣。這些都是騙小孩的，三毛本身體弱也很敏感，當時五十年前的環境比現在差很多，她不適應所以特別容易生病。」長袍大叔還有著嚇唬人的童心，我對他刮目相看起來。

即使他笑得很開心，反倒讓我的疑問更深了，那到底是什麼樣的原因呢？

我還是想再問問，趁他開心的時候。

「那為什麼拿了那金屬片做成項鍊的三毛會感到不舒服，頭昏，想吐，一直打噴嚏？甚至放在胸口的錄音機都壞了。這又怎麼解釋呢？」看看摩斯塔法怎麼自圓其說。

「沒你們想的靈異，無非就是當時我們這有很多礦場，那金屬片可能沾到了某種放射性物質，殘留在上面好幾天了，三毛把這樣的放射性金屬貼身戴在脖子上，接觸到皮膚一下子傳導進體內的放射性物質，當然會引起舊疾復發，這些都可以用科學解釋的。」他流露出教小孩子的成就感，一副不要以為我們住在沙漠就什麼都不懂的樣子。

「那錄音機也是因為感應到放射性物質，或者是輻射，影響了電流而壞掉，一下停機造成卡帶捲起來了吧！」我也跟著他的思路走進科學，逕自解釋起來。

所以當時的巫師其實是懂物理化學的，是人心選擇相信神祕學，或許那讓人滿足了對另一個世界的好奇。

你相信有就有，你相信無就無，在這片令人敬仰的土地上，多點神祕也是多點吸引人的色彩。

「都十點啦！你們最期待的三毛故居已經準備好你們的大駕光臨。」摩斯塔法看到我們恍然大悟又半信半疑的表情，好像一切都在他的掌控中，夜訪姑姑的撒哈拉住所也是其一。

撒哈拉的故事二〇二四（下）：夜訪三毛故居

經過一番摩洛哥傳統茶宴後，我還沒從那神祕感十足的文化課中緩過來，期待已久的姑姑故居就在眼前了。

放學時學生都會在操場上排好隊，等待訓導主任做一天的總結發言再由每一車隊老師帶大家上車。

「陳天恩，陳天慈，你們過來一下。」隔壁班教中文的馬老師向我們招手。

小學二年級的我們乖乖地走過去，心裡嘀咕著好不容易搶到排隊前面的位置，等下上車才能坐前排，因為我們姊妹倆都很會暈車。這下被她搞得又要從後面開始排隊了。

隔壁班的這位馬老師是一位身材嬌小的中年女人，常常來我們班上和我們的班導龔老師聊天，有時上課鈴聲響起也捨不得走。

「我是馬老師，早上聽你們龔老師說你們的姑姑下週末在國父紀念館有演講。老師買不到票，可不可以問問你們爸爸媽媽幫忙買一張？」話說得直接了當，好一個爽快的女人。這種情況不是第一次了，人在學校身不由己，總得給老師一點面子。

「好啊，我回去跟爸爸說一下。」我也爽快回答，想著趕快回到隊伍中也許還能搶到靠窗的位置。

「謝謝，好乖喔！聽龔老師說你們倆成績好品性端正，真是好孩子。」馬老師開口就是一連串蜜糖，成年人的世界很多裝飾，我和姊姊也識相地鞠躬敬禮後跑回排隊的隊伍中，不敢回頭看那位在工作和藝文夢想中掙扎，家務和自我興趣中取捨，抽出時間去聽場演講的女人。

還是一路暈車地回到奶奶家，小姑來開門，好像剛睡醒。

「小姑，老師要我們跟你說她要你演講的票。」姊姊想也沒想就開口了，應該是想完成任務就能解脫了。

「演講的票可能快賣完了吧！我找出版社問問，你們也要和爸爸媽媽一起來喔！我給你們留了票。」小姑對於我們的要求從不拒絕。

「如果票賣完了，我們的票可以給老師。」我靈機一動，想想這樣滿足了老師，也不用在演講廳坐兩小時，上次去聽過一次，只記得人很多很熱。

「你們兩個都要去，老師的票再問問出版社，你們不用管。」奶奶出來主持正義，從小照顧我們的她早已看穿我那點小心思。

我們打開那箱放在地上的書，是姑姑常常去書店看到喜歡的書，就給我們一本一本帶回來的。我一邊翻著一邊偷看小姑一眼。
「你這次還是要講那個沙漠嗎？比台灣還熱的地方，我可不想去。」我問起。身為小孩有時也會故意挑釁大人的容忍度，反正小姑不會生氣，這是我的底氣。
小姑從廚房拿出她的午餐飯菜，坐在飯桌旁，也沒看向蹲在地上找書的我們。
「當然會講撒哈拉的故事，那個你們聽過很多次的故事，你們命好，房子有屋頂，我在那的房子屋頂都沒有，不過那裡也不會下雨，就是會下山羊。」小姑得意地笑起。
她說過幾次不速之客山羊的故事，我們早習以為常，不太捧場她的笑話，笑都不笑。

「好簡陋的房子，你不會想回家嗎？」姊姊坐在小姑旁邊問起。

「會啊，每天都想回來，但是那邊也是我的家，是我和荷西姑丈的家。」

從摩斯塔法的家到金河街四十四號的三毛故居只有幾分鐘的車程，我們一行人擠在Hanif小小的車子裡，裝滿期待，興奮和緊張。

車子停在門口的街邊，這是一條比我想像中寬敞的街道。三毛的書《撒哈拉的故事》中提起過對面是一片荒野，如今五十年後的街景已是一片矮房民宅。

阿雍雖然是一個小鎮，晚上還是挺熱鬧的，這是摩洛哥人喜歡避開日間的炎熱在夜晚出行的特殊生活習慣，街上有許多青少年滑著滑板經過，一隻流浪黑貓在門口徘徊，好像守著門等我們來。

如果用城鎮編制來比喻，這裡的房屋比較像五十年前蓋房子時給工人臨時蓋的員工宿舍，給人一種不會久待所以可以將就的印象。

淺色的水泥牆面已經很斑駁，在夜晚更顯蒼涼。

門口的水錶箱上畫滿遠道找過來的三毛讀者的留言，雖然是想念的心意，可是畢竟是摩斯塔法的私人物業，未經允許隨意塗鴉實在不可取。摩斯塔法也表示政府定期會派人來幫忙清理，但是總還是會有人再來塗鴉，甚至拍了影片上傳，給他們造成不少困擾。

他拿出鑰匙二話不說要打開大門，我有些沒準備好的局促。旁邊細心的 **Hanif** 看出我的表情，用阿拉伯文跟摩斯塔法說等等，讓我一起握著鑰匙開門。

我深呼吸，還不等我吐完氣，他把鑰匙一轉，「咔嚓」一聲，三毛故居的大門立刻敞開，光線透出在黑夜裡，屏住呼吸，此時無聲勝有聲。

一進門，我並沒有急著走進

三毛位於阿雍小鎮的故居門前

屋裡，我轉身看著大門，這是姑姑開啟另一種生活的大門。

摩斯塔法告訴我腳下的地板也是當年留下來的，並沒有做過整修，也就是說姑姑曾經踏在這地板上進出，碰上死果時被緊急抬出去的大門，想念在北邊工作的荷西時常常打開觀望的大門。

進門後是一道不算寬的走道，身高高一點的人一張開雙手就能觸碰到左右兩邊的牆壁。因為是水泥牆，加上昏暗的燈光，不禁感到有些涼意。

一開始我沉浸在想像姑姑生活在此的身影中，並沒有想起拍照。這是小時候姑姑常提起的另一個家，那種我很難想像的環境，現在一切都在我眼前。

走道一邊是洗手間和一個雜物房，空間不大卻打掃地很乾淨。

「摩斯塔法在你來前已經安排人來做過打掃清潔，把燈都打開，裡面的音樂也是他最喜歡的歌曲，想給你聽聽，也給三毛聽聽。」Hanif 在我們到達阿雍前已經把行程規劃好，也和摩斯塔法成為好朋友，兩個貼心的摩洛哥男人，不多說自己做了什麼，卻處處都是心意。

短短的走道盡頭是一個小房間，我們用腳量了一下，推測就是那個三毛說四張全開的報紙就能撲滿的房間，牆邊有一個紫色的床墊隨意靠著，黃色的牆壁和深紅深綠的地板，不像姑姑喜歡的風格，但是我想以她隨遇而安的心境總能看出其中的美。

右手邊是一片空曠像中庭一樣的空間，不算大，中間有一根柱子，直挺挺地擋在中間讓這空間不能妥善利用起來，或許這就是摩洛哥文化中的隨性和自在，再說沙漠中的房子著重功能大於美觀。

三毛位於阿雍小鎮的故居中庭

中庭上方也是讀者印象深刻的主角之一，山羊掉落下來的那個大洞。一個一般人很難想像的天降山羊奇葩故事，卻在姑姑生活中常常要提防著發生。飯桌上隨時可能被加菜，我想除了山羊，鳥類昆蟲可能也不少拜訪吧！

這個洞在七〇～八〇年代透過三毛的妙筆傳回亞洲，受到許多中國讀者的矚目，多少人有不同的想像，圓的方的，大的小的，怎麼就讓一隻在屋頂閒晃的山羊好巧不巧地摔入人家，而這個家不是普通人家，還是一位熱愛寫生活散文，文筆卓越的作家的家。就這樣，這隻羊成為主動掉入飯桌上稀有的羊，這個洞成了許多《撒哈拉的故事》讀者心裡那個通往沙漠的洞，多年後忘不了的三毛故事。

所以，三毛寫的趣事是真實存在的，有洞為憑。

整個房子最裡面的位置是廚房，就在這裡三毛給荷西做了粉絲煮雞湯和螞蟻上樹兩道意義非凡的菜，讓荷西深信粉絲就是天上下來的雨結凍後製成的珍貴食材，一道壽司讓荷西以為海苔是複寫紙。小小的廚房，大大的創意，暖暖的生活情趣。普通的菜色被三毛賦予有愛和有意思的印記，這也是這個有些破舊房子最重要的使命吧！成就了三毛沙漠艱苦生活的有滋有味，更成就了讀者對異國文化的幻想。

三毛故居中山羊掉下來的洞

然而，廚房的設備卻很簡單，一個爐台和一個小水槽，上方的牆上有一個放餐具的小廚櫃。五十年前的生活沒自來水，偶爾有電，從小在家很少做飯的姑姑在這樣的環境下煮三餐一定很悶熱，對沙漠的熱愛支持她克服生活上的種種不容易。

「如果是你，你願意住在撒哈拉嗎？」Hanif 好奇我的意願。

「我可能沒辦法，再愛一個人也沒法戰勝沒水沒電的日常，我很怕熱，一熱就會發脾氣，流鼻血，沒心情欣賞沙漠的美。」有些事假裝不來，也勉強不來，一點也沒遺傳到姑姑適應環境的心境和無懼困難的浪漫。我還是老實做個普通人，過著普通的生活已很滿足。

摩斯塔法和 Hanif 拉了兩把椅子在中庭坐下，就在這麼空曠的地方，這兩位中年男子好像在自己家一樣自在隨意，說說笑笑，透過翻譯我才知道他們聊到這幾年環境的改變和身體的不如從前，三毛故居對他們來說是另一段友誼的開始，完全沒有像讀者般把這裡視為充滿三毛氣味和生活痕跡的神祕聖地。

我不禁微笑，姑姑應該會樂見此情此景吧！

「以前三毛和朋友是否也這樣在房子裡聊天？我聽姑姑說這裡的人很喜歡串門子，說來就來了，很熱情。」那兩個聊得起勁

三毛故居中的廚房

而無視於我的男人們終於停了下來。

「這裡的人一旦把你當家人，就會把你家當自己家，回自己家哪需要打招呼。」摩斯塔法解釋到，我心裡想著熱情和邊界感的區別，當然也理解那時全靠這些鄰居們對這位飄洋過海的中國女子的疼愛，我們家人在遠方才得以稍稍放下心。

「說說姑卡吧！你的姊姊，三毛《撒哈拉的故事》一書中最亮眼的女孩。也讓讀者有許多的不解，也很好奇她的近況。」八卦的心一旦打開就很難關上了。

「哈哈，我就知道這個問題你憋在肚裡很久了吧？都要半夜了，也該聊聊我這位姊姊了。」摩斯塔法笑著說起。

「姑卡從結婚後就搬離父母家了，雖然也在附近，但是主要還是在夫家生活。他們夫妻倆感情不錯，兩個兒子現在都四十幾歲了。」

不等他說完，我不禮貌地插話：「兒子都那麼大了。姑卡結婚時是十歲，五十年後現在也六十歲了，我們還停留在娃娃新娘的印象裡。」我的驚訝溢於言表，不想藏了。

「這幾年姑卡的身體不太好，也很少出門了。她不喜歡見人，也不喜歡拍照，這陣子也都在看醫生，心情不是很好。」摩斯塔法也擔心著姊姊。

「我父親在這裡幫助政府修了幾條路，蓋了幾棟房子，這個三毛故居是父親留給我的。說實話這幾年也有中國買家提出不錯的價格想買這個房子，有的說要做三毛紀念館，有的說要做餐廳，都被我拒絕了。這是三毛的家，是她給我們獨一無二的回憶，我的父母和兄弟姊妹都視三毛如家人，我們要把這個房子保留給三毛，也不想做商業用途，就讓它是原來的樣子，是三毛最喜歡，也最習慣的樣子。」此時我感到說這番話的摩斯塔法身上透出白袍發著光，如果沒有他們一家人的堅持，這個房子可能早就做了大改造，家不復見，我想那也不會是姑姑願意見到的。

「十歲就結婚?!我才不要呢！我想永遠住在家裡。」小學三年級的我發出不可思議地感嘆，不敢相信姑姑那幾年待在什麼樣的地方。

「那裡的女孩都是這樣早婚，姑姑也不能接受，只是每個地方有自己的習俗，也無關好壞，多出去走走就能看到很多不同的風土人情。沙漠和城市雖然很不一樣，住在那的人卻很單純，姑姑也交到許多好朋友。」

「那些小女孩平常做什麼？騎駱駝去學校嗎？」我感到自己似乎問了一個蠢問題，可是還是想聽聽小姑怎麼回答，有時候有趣的不是問題或答案本身，而是在對話中看到對方絞盡腦汁接住你的問題。

「駱駝不是車子，也不會停在家門口，更不會騎去上學。因為沙漠裡的女孩都不上學的。」小姑樸實無華的回答，卻讓我張大了眼。

「不用上學，簡直是沙漠天堂，可以每天在家玩。」我很羨慕。

「你以為在家就是玩，那邊的女孩要在家幫忙做很多家務，也不能學習，姑卡也不會數學，不懂作文和歷史，地理，也從沒離開過她住的城市。」小姑陷入想念的漩渦。

「不會數學，那你也不會，還不是活得很好，還有很多人喜歡你，在街上追著你跑。」我的數學成績也不怎樣，因此對小姑多了一份同病相憐的革命情感。

「我數學再不好，在沙漠裡還可以做姑卡和其他女孩的數學老師呢？」也許這是小姑生命中唯一一次為自己的數學技能感到驕傲。

當年小姑隨口就能來幾句的文化教材，現在我親身行走來驗證。

文化不是用來認同的，是用來體驗的。三毛在沙漠裡的家給了她安全感和溫暖，這些看似陌生的異鄉人用他們的方式來認識三毛，也認識我們的文化。

「親愛的小姑，來到你家了，你愛的撒哈拉。

Love You,

天慈

2024.1.12」

我找了一張紙，寫下這句話，家可以在遠方，也可以在心裡。

姑姑在沙漠的家曾經是我們到達不了的遠方，站在這踩著她的地板，我感到她在說謝謝你來我的家，代我問候愛我的人，我在沙漠很好，沙漠也待我很好。

萬物皆有靈，萬物皆

作者留在三毛故居的卡片

有歷史。時間已近午夜，我倚在走道的牆上，閉上眼，想著小姑和荷西在這個房子裡是不是也會徬徨，恐懼未來和環境的變化，雖然很努力在文化衝擊中找到樂趣，是否會想家？一封家書也要等數把個月才有回覆，這樣對命運的認分是我們現在人少有的，我們總想活得更好，更精彩，卻不曾想過困境中的甜才是寶貴的人生經歷。

一本《撒哈拉的故事》看哭很多人，也看開很多出走的心。也許你曾為了啞奴掉淚，也許你為了早婚的娃娃新娘憐惜，也許你為了偷看人家洗澡的故事莞爾，更多的是三毛告訴我們人生有各種可能，人也有很多別人不懂的不得已，誰知道你的不得已在別人眼中是浪漫和嚮往，又能給這社會帶來多少影響力和啟發呢？

作者在三毛故居走道

小姑的音樂夢

小時候我是一個不學無術的書呆子，因為近視很深總戴著厚厚的眼鏡，除了念書和待在家裡幾乎沒有其他興趣。偶爾喜歡畫畫，也想過長大要當畫家，後來卻因為總在爺爺回家時幫忙提他那個厚重的皮革公事包，還常常跟爺爺上法庭，看到他辯護時的帥氣和受幫助的人感激的眼神，因而轉向選擇了需要理性思考的法律專業。

三毛贈予作者的口琴

相反，在父親那一代可是從小被爺爺奶奶培養了很多才藝和興趣。

爺爺奶奶分別讓大姑，小姑，我父親和叔叔都學習了鋼琴和小提琴。

小姑很幸運，因為在家自學，還跟當時的著名畫家韓湘甯和顧福生兩位老師學習繪畫很多年，因緣際會認識了文壇的白先勇老師，受到賞識而有機會在《現代文學》上發表了第一篇文章〈惑〉，從此走上文學創作之路，這世界上也有了三毛的傳奇故事。

這一切都是由培養興趣開始的。

幸好爺爺對上一代的期許也沒白費，除了三毛的文學人生之外，大姑後來成為一名鋼琴老師。因為大姑的家在爺爺奶奶家附近，所以也是上小學時的我和姊姊常常去的地方。

而大姑的家和我們家最大的不同是客廳裡有一個很大的鋼琴，擦得很亮的鋼琴上還有一本寫滿筆記的五線譜，氣質和氣派都拉滿，和大姑常常播放的交響樂也很合拍。

有一次大姑和她的學生在台北的植物園舉辦成果發表會，那是一個大雨的晚上。

我們一家人穿上正裝全員到齊去捧場，那應該是我人生中參加的第一場音樂會吧！而我那從不聽古典音樂的父親也是給足面子了。

會後一群人散場走出禮堂，分別去拿車，只有小姑在灰暗的燈光下很快上了她的車，而我們還在旁邊說著話道別。
就這麼突然砰一聲，水花四起夾雜著雨水，正要走遠的我們並沒有發現糊塗的小姑已經把車開到了旁邊的池塘裡。
好在當時年紀小卻聰明觀察力強的堂妹天明用小孩視角察覺到，大家才在她的驚叫聲中把小姑從進水的車頭中拖出來。
至今我們還是不知道這事故是怎麼發生的，小姑也說不清楚，明明池塘離她停車的地方還有一點距離的。
一場本應是我們一家人充滿音樂薰陶的回憶，被這場落水事件取代，人生本就是一場驚喜連連的樂章，一不小心就會彈錯。
而我父親也號稱會拉小提琴，家中也放著經典老歌集錦的CD，當我還在上小學時卻只記得家中的收音機裡常播放的是股票漲跌的新聞，那單一的音調很助眠，歌曲只是廣告時的陪襯。

後來父親在溫哥華家中的地下室特別設置了一個唱歌房，放了一個三層的卡拉ＯＫ機器，機器上有很多低音，高音的調節按鈕，我們卻從不懂怎麼用。還配置了兩個和我一樣高的喇叭，外加一個五十寸的大電視，再來兩支金色的麥克風。

每當他打開卡拉ＯＫ的曲目，《瀟灑走一回》的前奏一起，一副歌神的架勢，唱完還會得到機器給的一個分數，若是分數不高便會激起他的勝負欲，再次挑戰，常常一個人獨唱一整夜。

對我來說，音樂是一個既喜歡又害怕的存在。除了幼稚園時跟著同學唱唱跳跳之外，很少在別人面前哼唱，一句都沒有。

上了高中時，那時是華語歌曲開始神仙打架的年代，也是各種曲風百花齊放的時期。我開始跟著同學聽流行歌曲，卻不喜歡甜美和幸福的曲調，偏愛的是不羈的浪子悲歌。

有一次趁小姑不在台北，我和姊姊溜進她的房間寫功課，因為她的書桌很大，可以坐下兩個人也不嫌擠。

那時因為父母常去日本旅行，總會給我們帶回很多禮物，有一次從東京的電器區秋葉原給我們買了兩個當時流行的愛華牌隨身聽，黑色的機身，可以放卡帶式的那種，側邊有播放，停止和往前往後轉的按鈕，另一邊是一個轉軸，可以調音量大小。每次打開放入卡帶，關上時那「咔嗒」的一聲，再把有線的黑色耳機塞進耳朵裡，總感覺很酷，感覺自己好像是位很懂音樂的專業人士。

每當念書時我也習慣聽著隨身聽裡的流行歌曲，當歌詞流過腦中，其實並不能專心在課本上，但是就是捨不得關上音樂，默默在心裡哼唱。

「你們在幹嘛？」門突然被打開了，我和姊姊嚇了一跳，一下從歌詞的意境裡被拉回現實，以為是奶奶來送吃的和飲料。原來是年輕的叔叔帶著一臉怪笑走進小姑的房裡。

「在念書啊！怎麼念書還聽音樂，這樣怎麼能專心呢？」叔叔一眼看穿我們的假裝念書，實則沉浸在音樂裡，他拿起我的隨身聽仔細端詳，那個當時不是很多人見過的東西。

「你們在聽誰的歌啊？」我其實懷疑他也不知道任何一位當時的流行歌手，問了也是白問。

「我在聽王傑的歌，《一場遊戲一場夢》，很好聽喔！」為了推薦我喜歡的歌手，我很快搶答。

「誰？王傑？不認識。」

「聽什麼王傑，怎麼不聽陳傑的歌。」叔叔遺傳了爺爺對法律專業的素養，順道也學到了嚴肅中暗藏的小幽默。

「你這個陳傑非彼傑，又不會唱歌，沒人給你出唱片啦！」姊姊哈哈笑起來。

不過，當時的叔叔大眼粗眉，身材高挑，風度翩翩，真的可以做偶像明星，只是從沒聽過他的歌聲，想想聽陳傑唱歌才會是「一場遊戲一場夢」吧！

上排左起三毛，作者叔叔陳傑先生，下排左起作者姊姊天恩，作者

小姑對音樂的喜愛也可以從她聽的歌曲中看出一二。

那首Bobby Vinton的《My Special Angel》成了她寫給我和姊姊的那篇〈你是我特別的天使〉的默認主題歌，總會想起她開著車帶我們去陽明山時，輕輕哼唱的陶醉神情。

後來一九七九年創作出《橄欖樹》，再後來的《說時依舊》和《回聲》專輯的歌詞作品，完美把文學和音樂結合，用另一種方式感動人，原來天賦一來都是成雙成對的。

《萬水千山走遍》中的〈青鳥不到的地方〉中寫道：「最後一日要離去宏都拉斯的那個黃昏，我坐在乞兒滿街的廣場上輕輕的吹口琴。那把小口琴，是在一個趕集的印地安人的山谷裡買的，捷克製的，算做此行的紀念吧！」

那本講述荷西過世後生活的《夢裡花落知多少》中的悲傷短文〈明日又天涯〉中最後用了口琴的琴聲作為文章的收尾。「我開了溫暖的落地燈，坐在我的大搖椅裡，靠在軟軟的紅色墊子上，這兒是我的家，一向是我的家。我坐下，擦擦我的口琴，然後，試幾個音，然後，在那一屋的寂靜裡，我依舊吹著那首最愛的歌曲——甜蜜的家庭。」

是的，小姑還會吹口琴，還吹得不錯，也吹進了我的童年回憶裡。

上新民小學時，學校要三年級的每個學生都要學一樣樂器，學期末時要在畢業典禮上表演，於是撥動了我最害怕的那根心弦。

從小媽媽問我要不要學鋼琴，答案都是不要，不感興趣，也不想練習，也坐不住，媽媽也因為尊重孩子的意願並沒有強迫。

自己選的路，自己負責，這導致我上了小學還一樣樂器都不會，更看不懂五線譜，需要從零基礎開始學，顯然是趕不上那些已經是鋼琴好幾級的同學，心裡是羨慕的。

「天恩天慈要學樂器了，學校規定的，這次逃不掉了。」飯廳裡，奶奶為此發愁，她總不想看到我們難受。

這時坐在奶奶旁邊正在喝茶的小姑，眼睛一亮，「好啊，學樂器好，學什麼樂器？」

「我不要，不想背著很重的口風琴，也不想吹笛子滿身口水，很噁心啊！」我很排斥被安排學習。

小姑很懂這種來自學校的壓力和小孩的三心二意，她起身走回房間，沒做任何回應。

不一會兒小姑走回飯廳，手上多了一個口琴，沒有盒子，是一個有點年代感的東西。

「學口琴吧！最簡單，放在書包裡也不重，小姑來教你們。」她一向對我們學校的活動很有參與欲望，彷彿是想要補足童年缺失去學校生活的樂趣。

「這個也是會噴口水吧！洞很小啊，會不會漏風？」對自信滿滿的小姑，此時的我是懷疑的。

小姑不理會我，自己開始吹起曲調，是那首在她房裡聽過的張三的歌。「You are my sunshine, my only sunshine……你是我的張三，我唯一的張三……」

「來，天慈過來，左手抓著後面，右手扶著側面，嘴巴對準這裡，是Do的位置，嘴唇嘟起來，不要笑啊，笑了才會噴口水。」小姑抓住我的手，指著口琴中間的一個洞，把口琴湊到我嘴邊，著急的樣子讓我們實在忍不住發笑。

我試著照著做，大嘴巴吹氣再吸氣，一邊漏風又吹出幾個音，一來一回滿頭大汗，事實證明沒音樂天分學什麼都難。

「這是你的口琴，我不要吃你的口水啊，我們不敢吹啦！」姊姊給自己找的藉口很實際，我連忙附和。

「那明天小姑去買，一人一支，你們有自己的口琴好嗎？」看來小姑這次是認真的。

「好啊，好啊，新的比較好吹吧！」兩個小孩只要有新東西都是興奮的。

隔天放學回到爺爺奶奶家，我衝上三樓急著問奶奶，「小姑呢？她還在睡覺嗎？」不好意思直接問口琴的事，我等奶奶自己說。

「她出去了，有工作吧！」奶奶一邊倒牛奶一邊說，完全不懂我真正想問的事。

我和姊姊如常看著漫畫，吃點心喝牛奶，等著那個說好給我們買口琴的小姑回家。

很多時候大人並不知道小孩喜歡一件事的原因，就像我曾經自己跑去爺爺的書房裡，從大書架上拿下來那本藍色厚厚的《唐詩三百首》，一個人坐在大書桌上抄錄。當時爺爺好高興地以為我是一個對古詩詞極度有興趣和天賦的孩子，天知道我只是想找個冠冕堂皇的藉口用那枝爸爸給我新買的鋼筆，因為不能用鋼筆在薄薄的作業本上寫功課，只有在抄錄唐詩的筆記本上才配得上鋼筆柔潤的墨水字跡，可以輕易地寫得很漂亮，得到稱讚，因此愛抄寫詩詞，僅此而已。

對音樂的嘗試也僅是因為我自己才知道的原因，一直如此。

後來的音樂課上，老師按照不同的樂器把同學分坐在教室的不同區域。口琴是在教室最後面靠牆的角落，只有幾位同學吹口琴，我和姊姊就是其二。因為這種地理位置和邊緣化的感覺，對當時自尊心很強的我來說是很排斥的，連帶地也遷怒了小姑買的那支口琴。

那是一個當時很貴的蝴蝶牌口琴，放在一個全是英文的長型綠色紙盒子裡，型號是a-440，應該是基礎款吧！不知道當時小姑買口琴時，是否對我們抱著期待，希望音樂能代替忙碌的她陪伴我們，也希望我們能找到獨處的樂趣，或是她想起了那些失去丈夫後異地夜晚的琴聲和孤單。

不想再吹口琴的我和姊姊，任性地要求父親再給我們買了我們好朋友都有的口風琴，有著硬殼的綠色套子，背在身上的驕傲感也不再覺得沉重。之後的幾堂音樂課，換了位置坐在教室的中間，和很多同學一起，也是歌曲分部中的主力。為了這該死的自尊心，冷落了小姑特地在繁忙工作中抽空去買的口琴，也讓父親多花了不少錢，滿足我們這兩個急於被同儕認可的小孩。

器材買了並不代表能力跟得上，因為不會看五線譜，也只能把音符硬背下來，手指更是沒有任何指法和律動，能彈出聲音混在大隊中不被發現即可。對音樂的興趣也自然減少，表演完畢就暫時放棄我的音樂之路了。

直到國中二年級因為當時的身高還算高，所以被選中加入鼓隊，屬於儀隊的節奏組。

因為鼓譜比五線譜簡單，又重燃起短暫的希望，而且當時把小鼓背在身上跟著儀隊行走，花式耍著鼓棒也確實很酷，讓我又誤判自己還殘存了一點音樂天賦。

人總是在一次次的失敗中認清自己的缺點，口琴也好，口風琴也好，小鼓到架子鼓都在嘗試後放棄，剩下內疚，那些曾經相信我有音樂天賦的家人的內疚。即便如此，每當想起自己有這些嘗試的機會，還是感恩的，童年就是這些一點一滴可笑的黑歷史累積的回憶，成為長大後互相取笑的談資。

網路上總能看到一些貌似正念的雞湯文，「注定沒結果的事放下也是種自渡」，「放下執念和自己和解」等等。只是我們都不是神仙，又怎麼知道什麼是注定的結果，什麼時候該放棄？會不會太早放棄，少了堅持，命運就不給我們該有的饋贈？會不會那句順其自然只是失望和放棄的隱藏版？沒有人知道答案，每件事的答案也不同。所謂注定無非就是最簡單的道理，嘗試了總有該得到的結果或過程的快樂，不嘗試保存了心力和體力，沒期望沒失望，但也少了人生的色彩和經歷。

每項曾經嘗試的興趣，樂器或繪畫都曾經乘載了當事人的夢想。拿著麥克風一個人在深夜裡和螢幕上分數較爭的父親，在荷西走後一個人吹著《甜蜜的家庭》歌曲的小姑，在五線譜上畫滿筆記的鋼琴老師大姑，以為自己歌聲媲美王傑的叔叔，這些音樂帶給我們的不只是喜怒哀樂，還有很多對自己的寄望和不斷嘗試的勇氣。

「一個人至少擁有一個夢想，有一個理由去堅強。心若沒有棲息的地方，到哪裡都是在流浪。」三毛曾經這樣說。

奶奶的圓規

這世界上有一種恐怖的抽象物件叫做數學，它存在幾千年了，沒有人敢質疑它的存在，事實上不管你喜不喜歡它，都不能否定它對世界的貢獻。

新民小學一班有四〇～五〇個學生，墨綠色的木頭桌椅排成一排，一排有八個學生。

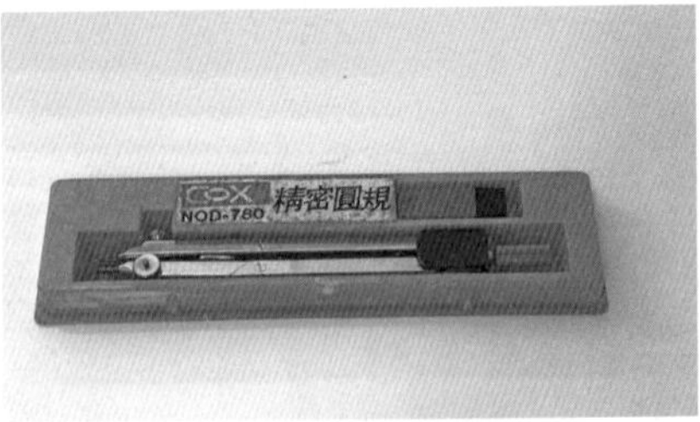

奶奶贈予作者的圓規

每個人有的空間並不大，每天要在這樣的空間裡待上八小時，如果碰上不對盤的同學坐在附近，對一個十幾歲的小孩來說真的是這輩子最大的折磨。

小學時的我身高在整個班上來說算是高的，只是小學六年級後再也沒有長高了。當時我坐在倒數第二排的位置，後面坐了一位男同學，一位身材魁梧，我不太熟的同學，我甚至不記得他的名字了。

「把《圖解數學》拿出來，今天講圓周率。」數學老師是位微胖的油頭中年男子，臉上的眼鏡牢牢地嵌進他滿溢的肌肉裡。

雖然我知道老師學識淵博，有穩定工作，教學認真，也是個好人，但那規規矩矩的藍色條紋襯衫加上灰色西裝褲，綁上一條黑色皮革和金色皮帶頭的皮帶，整副裝扮就是一位妥妥的每天往返家裡和學校兩點一線的無趣男子。當時的我心裡最大的疑惑是怎麼會有女人要嫁給這種男人呢？老師是怎麼追到師母的？和這種人談戀愛一定好無聊吧！

直到長大後才知道這就是真實的世界，不是每個人都像漫畫和卡通中的角色一樣帥氣美麗無憂無慮，每個人都是從童年時懷抱著長大後的志願及夢想，一點一滴在和生活的拉扯下，變成如今的模樣。揭開生命的真相在於自身的養分，你想活出怎樣的人生？活成了無奈而妥協的大人又何嘗不是一種選擇？那些看起來無趣的日子，或許這就是平凡的味道。

這一番胡思亂想的操作，數學成績怎麼會好呢？

《圖解數學》是一本比A4尺寸還小的補充教材，並不是正式教材卻早已取代比較簡單的正式課本，在我心中也取代正式課本，成為最不想見到的物品。

從小我雖然稱不上科科名列前茅，卻也算是個循規蹈矩的學生，至少外表是的，骨子裡的叛逆已經有些許發芽，找到機會就冒出頭。

數學課已經很煎熬了，後面的男同學不知道是不是骨骼沒發育好，撐不住他的體重，雙腿一直抖一直抖，抖完左腿換右腿，右腿累了換左腿，像節拍器一樣持續著。

夏天的教室裡充滿著汗臭味和中午的午飯味，我是個大近視，黑板上看不清楚的字，配上環繞的抖腳節拍，非常助眠。身為好學生的我努力睜大雙眼，想著趕快長大，趕快脫離這種不能選擇的憋屈日子。

趁著數學老師轉頭寫黑板，我突然很快地把椅子的兩支前腳騰空翹起，整個人向後倒，連帶著後面同學的桌子也猛一下地往後傾斜，敲到那位同學放在桌下的胖腿。

節拍器沒聲音了，我假裝沒事，用一副乖乖牌的嘴臉瞞天過海。

「明天每個人帶圓規來，我們繼續上下一章，現在下課。」數學老師丟下一句話，沒有讓我們有任何問問題的機會，就立刻走出教室去門口抽煙了。後來工作後的我才懂，這短短的幾分鐘，是打工人唯一的小小減壓時刻吧！白天不懂夜的黑，小孩不懂大人的難，大人也無視小孩在意的那些抖腳的小事。

放學回到爺爺奶奶家，簡直像是處在天堂中的最高樓層，飯桌上總是擺滿各式鹹的甜的點心和牛奶果汁，有時候還有我們喜歡的故事書。像是一下鬆綁了一整天待在學校裡的謹慎和規矩，不用向外人妥協的那種舒服，這是喜歡就喜歡，不喜歡也可以大聲說出來的地方，任何想法都會被聽到和接受。

奶奶身上的味道是寵溺孫女的味道，是一進家門就自動被理解，被包容，有人等了我們一天的被期待。兒童用的塑膠碗盤，杯子，上面印著卡通圖案，整齊地一件件準時準點被拿出來，裝滿食物和飲料，想把最好的都給我們。管你在學校是學霸還是學渣，在爺爺奶奶家都是心肝寶貝，要什麼有什麼，不只是物質，情緒價值也一一滿足。

上大學後同班同學中有些是從其他城市來台北念書的，我才知道在他們生命裡有一種叫做回老家的幸福。在放假前就提早搶到火車票，大包小包地扛上火車，一站一站回到生長的童年，一站站變小，回到作為小孩才能有的依賴，把成人必須有的獨立和偽裝暫時甩在台北。

身為台北人的我沒嘗過這種漸漸變回小孩的過程，只記得每次回到爺爺奶奶家總能一秒變回任性的小孩，立刻把數學和討厭的抖腳男拋在教室裡。

很多家長總會催促小孩寫作業，我和姊姊在這方面卻很自覺，不是因為愛讀書，只是因為膽小加上自尊心又強，怕被老師在全班同學面前罵。

吃完點心看了一會兒故事書，就會自動拿出作業本，而學業表現一直不是爺爺奶奶在意的事，有通過就好。

寫作業就像吃飯一樣，我總把討厭吃的花椰菜放在最後，再憋一口氣把它一次吞下，不讓它在我的舌頭上停留過久。寫作業也是，數學作業本總是留到最後才不得已地打開。

雖然說差生文具多，我不是學霸，更不是學渣，也還是很愛買文具。各種最新版卡通圖案的文具，鉛筆盒也要雙層的，還有一個給橡皮擦專屬的隔間，自動鉛筆也有上面按鈕的和側邊按鈕的兩種，一下喜歡花俏的，一下喜歡簡約的，錢沒少花，直到現在長大成人許多年，也很愛在書店裡的文具區買買買。

一堂數學課下來沒聽懂多少，老師要我們去買圓規的事倒是刻在心上。圓規也是一種文具吧！至少有正當理由去最喜歡的文具店逛逛。

「阿娘，今天數學老師說要買圓規，明天上課要用的。」我跑到廚房急著跟奶奶說。

「明天就要用啊？剛剛回來時怎麼不早說，現在在煮晚餐啊！」奶奶有些為難，因為爺爺馬上要下班回家了。

「那趕快，我們去一三三巷口的文具店看看吧！你們快去穿鞋。」奶奶總是把我們的事放在第一位，很快地關上爐子的火，脫下圍裙，順便用手指梳了一下凌亂的灰白頭髮，套上黑色的平底鞋，拉著我們下樓。

我和姊姊，一人一邊拉著奶奶暖暖的手，走在去文具店的路上，那是最開心的時刻，不只是開心，是被關注和被滿足的關愛。

這是一家開了很多年的文具店，除了文具也有賣一些參考書和故事書，老闆是一個瘦瘦高高的中年男子，偶爾他的太太也會來幫忙收錢。

「老闆，我們要買圓規。」我大叫，老闆看了我們一眼，「陳媽媽喔！圓規在那邊，後面那裡喔！」很多鄰居都認識奶奶，親切地稱呼她陳媽媽。

我和姊姊順著老闆手指的方向跑過去。文具店的燈光很暗，好像想省電，很多地方沒開燈。不過不礙事，好在我們已經熟門熟路了，很快找到圓規。

這裡賣的圓規有兩種，一種只是簡單的裝在透明的袋子裡，黑色的，沒有附上筆芯，看起來一點也不誘人。另一種就好很多，一個橘色的硬盒子，圓規整齊地卡在裡面的槽裡，上面還有一個紅色小小的長方形盒子，應該是放筆芯的地方吧！看起來好高級，用了一定就能變成好學生吧！

簡單的那種是五十元，高級的那種要一百元。而我和姊姊的文具從來不共用的，都是一人一個，所以買兩個就要兩百元。我們不敢選，雖然心裡都比較喜歡貴的那個。

奶奶當然知道我們的心意，連忙說：「買這個有盒子的吧！比較不會壞。拿兩個。」說著很快拿了兩個放在裡面的一百元圓規，我和姊姊再也忍不住地微笑起來。

「再看看練習簿和鉛筆好嗎？」我又跑到旁邊的一排自動筆的陳列架前，拿起鉛筆在旁邊的白紙上亂畫起來。

「我去看那邊的書喔！」姊姊轉到旁邊的角落蹲下來找書。

「看一下就好喔，阿爺馬上要回來了，爸爸媽媽也要下班來接你們了，飯都還沒做好呢！」奶奶有些著急還有幾道菜沒做，卻不忍心打斷孫女的興致，每次來文具店就像到了遊樂場，賴著不想走。

好不容易依依不捨地回到家，我和姊姊繼續坐回飯桌前，看似在寫作業，其實在把玩著新買的玩具——圓規。

在廚房的奶奶因為被耽誤了一小時，火力全開地加快速度切菜，炒菜，洗鍋子洗鑵子，在飯香瀰漫的廚房裡滿頭大汗地忙著。

「叮咚！叮咚！」門鈴響了！

還好我們已經回到家，做律師的爺爺每天都很準時回家。

我和姊姊立刻從飯桌旁跳起來，早就已經沒有在專心寫作業，蹦蹦跳跳地搶著去開門。

經過客廳跑到大門前，很快地打開門，「阿爺，阿爺。」兩個小孩異口同聲地喊。

爺爺彎下腰，「欸，回來囉！天恩天慈。」

我們搶著接過爺爺手上厚厚大大的深褐色皮革公事包，那是律師才會用的專屬款，有很多夾層，可以放很多文件。公事包上有著有點年分的刮痕，記憶中爺爺從來沒有汰舊換新，多年都是這一個，每天都會裝得很滿去上班。下班時再由我和姊姊接過來，用盡力氣地抬到書房，放到椅子上，爺爺說公事包不能放地上，那是對工作的尊重。

一日一日重複的動作，當時沒多想，只是無意識地重複著，卻是日後回憶的深情畫面。

「阿爺，我們今天買了新的圓規耶，好貴喔，要一百元，還有一個盒子。」我們迫不及待地跟爺爺炫耀，這可是人生第一次擁有一個數學用具，可寄託了所有數學成績變好的願望，任重而道遠。

「越貴越好，成績也會越好喔！」爺爺的智慧總在這種不說破的幽默中，要想一想才懂，懂了以後再也忘不了。

第二天，我第一次期待上數學課，早早把新買的圓規放在桌上，閃閃發光。

後面的抖腳男還是不停地抖著左腿換右腿，似乎忘記了昨天我的那計桌子壓腿神功，而此時我聽到的卻是愉快的心跳，小孩子的快樂就是那麼簡單。

那堂課上學會了用新圓規畫圓，圓滿的圓，奶奶成就的圓，有爺爺奶奶的童年才算圓滿。

奶奶就是圓規站住的那隻腳，全家的中心，有她在事事能搞定，每個心都妥妥地安放著，每隻腳才能往外延伸，發展出自己美麗的弧線。

雖然成年後也花了不少心力去適應這個不圓滿才是常態的人生，遺憾總是比滿足多，也甚少有人能把你放在第一位，把你的小心思當成重要的小事，除了你自己。再貴的圓規也畫不出想要的幸福，總會缺一角，少一塊，成不了圓。

每個人窮其一生可能也補不上心裡只有自己知道的缺口，卻還是像孩子一樣有著盼望，在一次次失望和自我鼓勵交疊中，樂觀地不放棄，也算是一種圓滿吧！

註：阿爺，阿娘是浙江定海方言，分別是爺爺，奶奶的意思。

三毛姊妹情

以前少女時期一直幻想著長大的生活，高中幻想著大學的自由，大學幻想的工作後的成熟和獨立。漸漸工作了幾年後，就再也沒敢幻想了。或許是怕想著想著再沒多少空間能幻想。剩下不到兩萬多個日

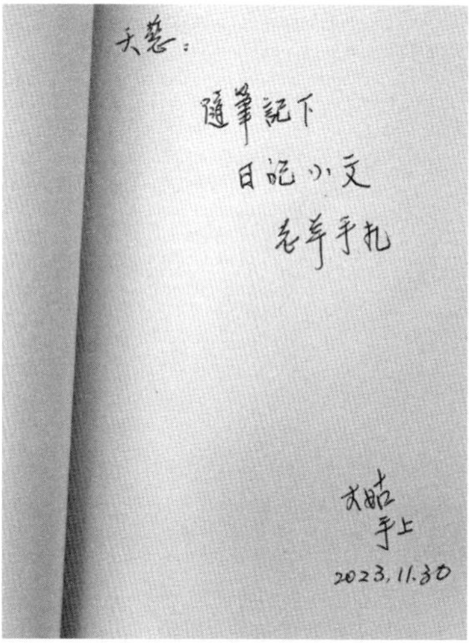

作者大姑（三毛姊姊）書籍簽名扉頁

子，想太多也只有恐懼。

因為未知和許多老年後種種可能的病痛，體力和心力不由自主地流逝，外貌不可控地變化，那些能把老年生活過得多彩多姿的人真是有福之人。

我的大姑就是如此。

我的大姑是三毛的姊姊，也是三毛少女心事中又愛又被拿來比較的那個美麗的學霸姊姊。聽我父親說她年輕時可是全社區之光，還有一個他們講了好幾代人的故事。當時有一個別社區的男孩看了大姑一眼就愛上了，找了一群人跟著他一起，想來送花送禮物，硬是被我們社區的男孩攔下來了。好歹大姑也是社區之花，怎能被別村的人追走呢！自己社區的男孩都還在拿著號碼牌排隊等著，別人要插隊可是會引起鬥毆的。我父親常常以此為傲，因為他年輕時去追別社區的女孩，自己姊姊卻不給別社區的男孩追，或許是有種補償心理，或許這就是他們姊弟間別人不懂的那種以你為榮的驕傲吧！

有時候我在台北會收到這樣的短信：「天慈，明天颱風天，小心喔！要囤一點食物和手電筒。」這本該我做為晚輩給大姑發出的問候和叮嚀，她總是早我一步傳來。大概是知道我已經很久沒經歷過颱風了，也沒預想到可能會停電和外賣都會停送。

我們家和大姑家住得很近，就差兩站的捷運站，彼此接近，知道有事時能第一時間趕到，但是也互不打擾，能隨時幫忙卻不互相干預，這是對獨立的人來說最好的距離。

有一次我和父母親要出門，車子剛駛出地下車庫，一轉彎停在路邊等紅燈，我立刻就看到一個熟悉的身影拄著雨傘蹣跚經過。

我搖下車窗大喊：「大姑！」

「大姊姊，你怎麼在這？」我媽媽也跟著喊。

「寶寶，我剛剛去診所復健，腳有一點不太靈光，膝蓋痛。」大姑望向我爸爸。

「有好一點嗎？你開車來的？」我爸爸跟著問。

「是啊，停在後面。你們先走吧！」大姑看到紅燈變綠燈了，催我們別讓後面的車子等。

是的，我的大姑這年紀還常開著她的小白到處跑。看醫生，去教會，去公園逛逛，去書店咖啡廳待著，去古董店淘寶，這是她喜歡一個人的自在，也是習慣了不麻煩別人，即使是親人。

大姑年過八十五歲卻生活地有滋有味。平常過了早上九點，就很難用家裡電話找到她了。她把自己的生活安排得很豐富，有時候比我還忙，還精彩。早上起來在陽台聽著風鈴聲喝咖啡吃早餐，在安靜的書房讀完經文後，穿戴整齊出門。大姑喜歡打扮，形象優雅，她特別喜歡有點歐洲古代風味的衣服，顏色搭配得宜，還會精巧地搭上一雙好走又好看的鞋子，那種只講求舒適卻犧牲美觀的老人鞋是入不了她的眼的。她更懂得用首飾畫龍點睛，在素雅的針織毛衣外配一條古銅色墜飾的項鍊，大氣而有些許個性。她的種種穿搭都在告訴別人，別看我老，我還是可以打扮漂亮，我還是沒放棄美麗，這是我的權利也是我的喜好，誰說人老了就要穿著隨便地出門，我就要美美地過著屬於我的快樂美麗生活。

二〇二四年四月，我和大姑，叔叔去浙江參加三毛散文獎的開幕典禮，這次是第一次我們一起出席散文獎的活動。大姑一直說三毛散文獎只要一直辦下去，她就一直來參加，我看出她的悸動，是一種以手足為榮的激動。她因為腿腳有些不方便，不宜久坐，坐飛機也很辛苦，站起身時都要人攙扶。即便如此，她還是很享受每一次旅行的快樂。除了每年的三毛散文獎開幕和頒獎典禮，她也會去加州看孫子，跟閨蜜去歐洲看教堂建築和博物館，亦或只是家中附近的公園，慢慢散步也能看看風景，靜下來觀其心，這是多麼盡情過好每一刻生活的樂觀態度啊！還真不是每個上了年紀的人都做得到的。

這幾年大姑也參與了好幾場三毛文化的推廣活動，每一次的講座，訪問，文字回覆，她都認真對待，在她心裡那是她還能為妹妹做的事。她總說要讓多一點人喜歡看三毛的書，讓多一點人喜歡閱讀，她的書給現代人看都不過時，那些人生故事都還是很生動，這也是她們倆姊妹當時的生活和共同回憶。

有一次在圖書館的小型分享會中，大姑提到父母親在人生地不熟的西班牙照顧失去丈夫的妹妹，她忍不住掉下淚，是不忍回憶那段過去，是遺憾自己沒能陪在他們身邊，此時的她是那個想念父親與母親的小女孩。父母親是守護三毛的天使，而大姑，我的父親和叔叔也守護著父母親的辛苦和三毛的勇敢與自由，做三毛最大的後盾和底氣。

有一次在大姑家的聚會晚餐後，她說起小時候的事。

「那年我大概三歲，爹爹（註一）已經先去重慶安置好，姆媽（註二）

就一個人帶著我，懷著妹妹一路顛簸搬到重慶。我還記得一路上緊緊抓著姆媽的手，不敢放，怕跟丟了，小小心靈不知道發生什麼事，但是透過媽媽握緊的手溫，可以感覺到大人的緊張。」

那個動盪的年代，人都好堅強。一個女人懷著孕還牽著孩子，也不知道是否能再回來，所以應該也帶了很多衣物吧！從浙江到重慶路程遙遠，可能要轉車，車站人一定很多。孩子會餓會渴會喊累，人多還要當心扒手，這些細節越想越讓人不敢聽下去。而當時，我奶奶也才不滿二十五歲，她的心裡是否也會害怕，會焦慮，她也是第一次做母親，第一次這樣遠行搬遷，第一次面對路上的風險和人生的變化。

我不是第一次聽這個故事了，小時候也聽小姑三毛提起過，雖然當時的她在奶奶肚子裡，但是這段故事對她影響很深，後來看到她編劇的《滾滾紅塵》電影中逃難的場景，我都會想起這段家族的經歷。如今再聽大姑提起，心疼取代了害怕，這是要有多強的信念才能走完這趟旅途，已在重慶的爺爺看到妻女抵達時，一定也很內疚和擔心吧？

一家人什麼都沒說，為著彼此，卻什麼都做了。

環境逼著人往心裡扎根地強大起來，面對未來更大的挫折和無奈。

「吃水果，你一個人一定懶得買水果。」大姑從冰箱中拿出切好的蓮霧，蘋果，整齊地放在精美設計的盤子上，配上杯子和茶壺，這精緻感讓每次我都感到彷彿在歐洲的花園喝下午茶。大姑就是喜歡收集各種有設計感的餐具和擺設，也會一個人在散步時逛逛古董店，淘到一個喜歡的盤子，碗，杯子，都能讓她高興很久。三毛也是喜歡撿東西的人，囤了一屋子的舊物品，個個都曾給她相遇時的驚喜和那種「我要帶它走」的堅定。無論是舊物或者是設計師的作品都曾是某個人的某篇故事，無聲地用美，用歲月的痕跡告訴懂它的人，為自己尋找下一個有緣人，再跟他回家，彼此陪伴取暖，創造另一個故事。兩姊妹都對美有特別的執著，一位喜歡優雅精緻，一位多了點瀟灑和自在。身為家人其實不會當面多說什麼誇獎之詞，但是都看在眼裡，體會在心裡，彼此了解才是最深的情感。

我一邊吃著最喜歡的蓮霧，一邊猛喝茶，不為別的，單純因為喜歡這個藍色花紋的茶杯，一口一口慢慢地喝，感到自己變得優雅和淡定。

「祝你生日快樂，祝你生日快樂，祝你生日快樂……樂……」大姑居然還準備了一個蛋糕，喜歡儀式感的大姑總能給人小驚喜卻不尷尬。因為知道我不像她那般偏愛甜點，所以選了小小的咖啡蛋糕，吃幾口搞搞氣氛剛剛好。手寫的卡片是她想了很久給我的祝福，手抖寫下的每一撇，每一劃，刻進我的心裡。

那天的蛋糕特別甜，怕長胖的我卻吃得停不下來。

半年後，又是一次的生日聚會，這次應該用壽宴來定義，因為是大姑的八十五歲生日，本來她並不想慶祝，但是人家說整數的生日都要熱鬧慶祝一下，她才答應我們訂了餐廳，全家人一起度過這個特別的日子。

一家人在常去的餐廳包廂吃完大姑最喜歡的菜餚，飯後，人人都猜到今天有蛋糕，還真的有從小吃到大的紅葉蛋糕上桌了。唱完生日快樂歌後，大姑靜靜地許了願望，還給我們每個人都發了紅包沾沾喜氣。簡單樸實的生日最溫馨，相信她一定很高興。我們拍了很多照片，各種姿勢和不同人的組合，大姑看到美顏相機下的她少了皺紋，呵呵地笑。

過日子每天都會遇到各式各樣的打怪過關，從大姑身上讓我看到人無論什麼年紀，都不能只有生存，生活的情趣讓老年生活容易了一點，盼望也多了一點。仍然會有病痛，但是也有那份對自己的寵溺，一個人也不馬虎，年紀大也可以有夢想，有追求。為此，大姑從她用了十年的臉書中整理出近三十篇的貼文，集結成一本散文日誌，書名就叫《奶奶的FB》。甚至為了想讓她遠在美國看不懂中文的的孫子看得懂內容，還請人幫忙翻譯成英文，出了一本中英對照的生活記錄文集。她寫旅遊所見，寫生命中的友情，寫早上看到鏡子中的自己，寫陽台來訪的鳥家庭，寫對父母親的思念，寫幼時的回憶，寫和孫子的對話，都是她生活的點滴和心境的體會。一天她拿了一本給我，還留了一段話，我知道她又完成了一個人生的心願，她卻謙虛地說隨手寫寫，只是記錄一下當下的心情。

常有人問我，如果三毛還在世會活出什麼樣的人生？從大姑身上我看到陳家兩姊妹的豁然和對生活保持的敬畏和興趣，相信她們倆人也在用她們自己的方式彼此陪伴，在某個時空中像少女般地聊著只有她們懂的心事。人生也許會因為一個選擇走叉路，但是最終我們都會再相遇。

註一：爹爹是浙江定海家鄉話，表示爸爸的意思。

註二：姆媽是浙江定海家鄉話，表示媽媽的意思。

媽媽的數學題

台北市忠孝東路四段的街頭車水馬龍，機車汽車在紅燈的起跑線蓄勢待發，精準在變綠燈的那一秒踩下油門，半秒鐘也不耽誤，這是通勤族的小趣味。每個人行色匆匆讓夏日更顯煩躁，早上一過八點趕來上班和辦事的人群在這停車位難求的蛋黃區，誰也顧不得從

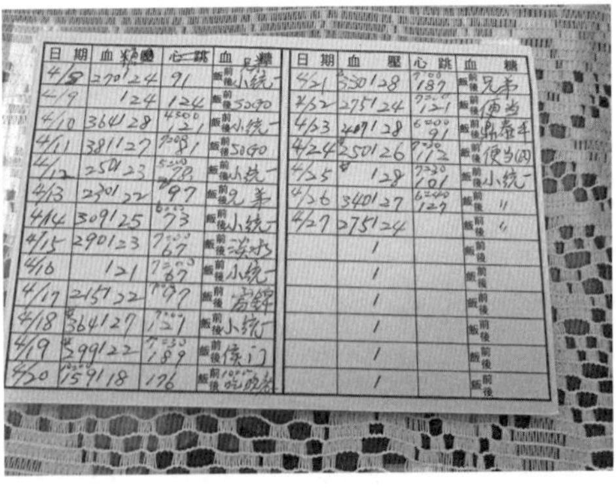

日期	血壓	心跳	血糖
4/8	270/24	91	飯前後 小統一
4/9	/24	124	飯前後 SOGO
4/10	364/28	4:00 121	飯前後 小統一
4/11	381/27	7:00 81	飯前後 SOGO
4/12	250/23	5:00 78	飯前後 小統一
4/13	230/22	97	飯前後 兄弟
4/14	309/25	6:00 73	飯前後 小統一
4/15	290/23	7:00 67	飯前後 淡水
4/16	/21	7:00 67	飯前後 小統一
4/17	215/22	97	飯前後 富錦
4/18	364/27	7:00 121	飯前後 小統一
4/19	399/22	7:30 189	飯前後 [illegible]
4/20	159/18	176	飯前後 [illegible]

日期	血壓	心跳	血糖
4/21	330/28	7:00 187	飯前後 兄弟
4/22	275/24	7:00 121	飯前後 便当
4/23	407/28	6:00 91	飯前後 [illegible]
4/24	250/26	7:30 112	飯前後 便当(四)
4/25	/28	7:30 101	飯前後 小統一
4/26	340/27	6:40 127	飯前後 〃
4/27	275/24		飯前後 〃
	/		飯前後
	/		飯前後
	/		飯前後
	/		飯前後
	/		飯前後
	/		飯前後

作者母親幫作者父親做的健康紀錄卡

容自若，禮讓只會讓自己找不到停車位而遲到，甚至要坐計程車趕赴公司，沒人想貼錢上班。

女人蹬著高跟鞋在煞車板上一踩一放，纖細的手靈活地轉動方向盤，無名指上的鑽石戒指折射出一道光芒。她眼睛瞄向倒後鏡，不用回頭也能輕鬆地倒車入庫，這是她的拿手絕活，從來不用來回調整，完美自信瀟灑一次搞定。停好後，她打開駕駛座的門，空間剛剛好不會擦到旁邊的車，女人輕巧地從白色轎車上下來，手拎著上個月在日本買的小眾品牌的黑皮包，昂首闊步走向辦公室。這條路她已經走了五年，閉著眼睛也不會撞牆，每天時間也算得剛剛好，到了大陸大樓的大廳習慣性加上小跑步，兩步剛好趕上擠滿人的上樓電梯。

「小魏，早啊，墨鏡很好看喔！」同事總愛稱讚女人的衣著品味。

「沒有啦，路邊攤隨便買的。太早起床有黑眼圈要遮一下。」女人保守的性格總無法直面別人的稱讚。

一六五公分的身高配上不到五十公斤的體重，身材苗條，她自己卻從未引以為傲，還常常嚷著要減肥，一下說手臂粗不敢穿太短的短袖，一下說腰太粗要繫上腰帶，她和大多數女人一樣都犯了看不到自己美貌的通病。

她面露尷尬得快步走到自己的座位放下皮包，脫下外套掛在椅背上，立刻拿起桌上的記事本，轉頭走進後面的辦公室。

「副主任，這是您今天的行程，十點半要去開會。外面有點塞車，要不要我提早請司機過來？」女人一邊看了一眼桌上的杯子，確定盛滿著咖啡。

上班族的早上真被這城市的塞車搞得血壓高，晚了幾分鐘都有可能錯過會議，作為一位有經驗的秘書，分秒都要事先預估好，以避免可能的意外。

好在女人的上司深明大義，也很好說話，女人何苦為難女人。「好的，請司機早十分鐘準備好車在停車場等我。」

女人在這個公家機關擔任秘書的工作，因為她的細心和善解人意，同事和主管都很喜歡她，她自己也很喜歡這份工作，每天工作的八小時讓她有了單身時追求自我實現的成就感。午休時和同事一起吃飯，逛逛附近二一六巷的服飾店，下雨時懶得出去就待在辦公室打毛衣，下午茶時一起聊聊家庭小孩，交流一下哪家超市有好的食材，互相學習做菜，誰也沒想到這群同事間一天相處八小時的友誼，就這樣在你一言我一語中一直持續到老。

位於辛亥路的私立新民小學距離女人家有四十分鐘的車程，當初參加入學抽籤時全家人包括女人和她做生意的丈夫，做律師的公公和婆婆一行人都放下手邊的工作到學校等候結果，緊張到胃痛，好不容易兩個雙胞胎女兒都抽中了才能一起入學，這機率確實也不高。

學校八點上課，校車的路線要繞一段路，所以女人需要六點起床準備兩個女兒的早餐，並且把自己裝扮好，才能讓女兒安全趕上校車，自己也趕得上九點打卡上班。

「我不要穿粉紅色，奶奶說我可以自己選。」雙胞胎妹妹天慈總是意見很多，每天總能搞出不同的花樣，還有起床氣，又不知道從哪學會拿奶奶的口氣來跟媽媽說話，真是個外表乖巧內心叛逆的小惡魔。

這是一週一次的便服日，也是早上要花更多時間穿衣打扮的頭痛日子。小女孩到這年紀都對穿著很有主見，即使稱不上有什麼品味卻也很固執，以為全世界都會注意自己的穿搭。正如三毛小時候也曾因為穿衣服跟媽媽吵過，多年後同樣的故事也在三毛的大弟弟家中上演，同樣也是溫柔的母親和任性的小孩，忙碌的早晨和不等人的校車，還有埋下那多年後從未說出口的後悔。

每天重複同樣的程序，一手牽一個睡眼惺忪的女兒帶到巷口等校車，校車準時到，女人看著女兒上車，車開走了才快步朝家裡走去，叫醒自己開公司的丈夫，叮嚀他要吃早餐再去公司。這環環相扣的過程，一分一秒都不能出錯，她什麼都不說，卻什麼都做好了，每天早晨心跳一定很快吧？

女人剛結束午休回到辦公的座位，桌上的電話已經響了幾聲，女人來不及坐下，就匆忙地拿起聽筒，另一隻手上還抓著從統領超市買的兩袋晚餐食材。

「媽媽，我剛剛去福利社買東西，還剩一塊錢，就想打電話給你。你在幹嘛？」不等女人說話，電話另一頭的一個小學二年級女孩站在木頭矮梯子上，踮著腳興奮地對著福利社旁邊牆上的公用電話話筒大喊，好像在炫耀自己花錢花得剛剛好，懂得用盡最後一塊錢。

「媽媽剛剛吃完飯回到公司，還買了你們愛吃的東西，晚上做牛排。好啦！不要說太久，快回教室上課。」女人心想這小孩不知道又買了什麼文具，常常買很多用不完的鉛筆和橡皮擦，只因為想買而不是需要，但是她也從不阻止小孩花錢，開心就好。

放下電話，女人走到茶水間，把剛剛買的生鮮食材放到冰箱裡，嘴裡還重複唸著：「下班時不要忘了拿。」

上班的媽媽工作和家庭兩頭都要顧好。工作上除了工作內容，還有人際關係，上下級關係，甚至上班下班的時間也要算好；家庭上有夫妻關係，小孩的吃穿玩樂和教育，對娘家和婆家的照顧，一旦結了婚樣樣都是責任，樂觀的女人有她自己安排好生活的訣竅，也從不抱怨。

五點準時下班是身為公務人員的標準日常，女人快速收拾桌面，背上皮包，拿出車鑰匙，經過茶水間還記得從冰箱拿出午休時在超市買的食材，再次踏上早上來時的路回到停車場，踩足油門，飛快投入川流不息的車陣中。

雙胞胎姊妹已經乘坐校車回到爺爺奶奶家中，只是意外地在二樓到三樓的樓梯間發生一段女孩們一直擔心卻常常發生的惡夢。一隻花貓在公寓陽台上愉快地亂竄，開心看著跳上樓的女孩們。姊姊天恩先大叫起來，妹妹天慈驚嚇到說不出話，兩個女孩從小就怕貓，這種慢吞吞又會突然出現的物種，詭異地讓人沒有安全感。

「奶奶，有貓，有貓，快來啊！」天慈眼睛盯著那隻貓，張嘴大叫，像奶奶求救。奶奶因為知道這時間是孫女的放學時間，早就把三樓的門打開，聽到叫聲立刻衝下樓梯。

「快快，躲在後面上樓。」兩個女孩很快躲到奶奶背後，頭也不回地衝上樓進門，把奶奶丟在身後，奶奶一進門也立刻把門關上。

「好可怕，為什麼會有貓？是不是樓上的那家人又再餵野貓？」對於在城市裡生長的小孩，各種生物都需要時間認識，也需要膽子嘗試相處。

每天放學在爺爺奶奶家中吃點心，看最喜歡的童話書，是這兩個女孩一天中最開心的日子。飯桌後靠牆的矮櫃子上，放著三本小姑從西班牙文翻譯成中文的《娃娃看天下》漫畫書，這也是此時兩個女孩會看的唯一一套小姑的作品，什麼《撒哈拉的故事》都比不上《亞森羅蘋》，那是有眼不識泰山的年紀。

女人停好車，從後車廂拿出在超市買的那兩袋食材，她每兩天進一次貨，心裡早已計畫好要做什麼晚餐，所以可以很快採購食材不耽誤午休時間。她又快步上樓騰出一隻手伸到皮包裡拿出鑰匙，開了家門，打開燈，直奔廚房，把今晚暫時不用的食材放入冰箱冷凍庫，再拿出要做的牛排，放在砧板上準備抹上鹽巴和調料，這是她經過多年測試出家人最愛的配方。

身上還穿著上班衣服的女人來不及換衣服，趁著牛排還醃在調味料裡，她轉身又拿起皮包和鑰匙，這次換穿了休閒鞋又跑下樓去，走到隔壁巷子。

「小妹，媽媽來了，快收拾書包回家吧！」奶奶給女人開了門，看到她衣服都來不及換，身為女人很明白生活的匆忙和角色的切換。

「我還沒看完這一篇，等一下。」天慈不急不忙回答，小孩永遠和大人活在不同的時間流速裡，在他們的世界裡眼前的事比較重要，當你懂得顧慮以後的事和回憶過去時，孩童的純真也在一點一滴逝去。

女人看小孩沉浸在書本中，也正好坐下來喘口氣和婆婆聊一下。婆婆對這個媳婦是很滿意的，總覺得性格急躁的兒子能娶到溫柔體貼的女人也真是祖上積德了。好幾次看到兒子一副焦急催促著女人和小孩快吃飯，快出門，逛街時快快買完，真是什麼都等不及的個性，一旁的女人卻會在這種時候哼著她最喜歡的歌曲：

輕輕敲醒沉睡的心靈　慢慢張開你的眼睛
看那忙碌的世界是否依然孤獨地轉個不停
春風不解風情　吹動少年的心
讓昨日臉上的淚痕　隨記憶風乾了

唱出你的熱情　伸出你雙手　讓我擁抱著你的夢
讓我擁有你真心的面孔
讓我們的笑容　充滿著青春的驕傲
為明天獻出虔誠的祈禱

這首《明天會更好》來自女人在來回家裡和辦公室的車上短暫獨處時光中常聽的卡帶，夫妻一個急躁焦慮，一個淡定樂觀，不用勸服誰改變，自己有一扇適時屏蔽的門和適時打開聆聽的窗就足夠了，好一個聰明的女人。

「今天要打多少？」男人坐在沙發上，掀起上衣，一手拿著針管問女人，等女人給出答案才敢打進肚皮。兩人都是白髮蒼蒼的年紀了，男人對女人的依賴已經到把她當成萬能超人的地步。

女人已是近八十的年紀，還是不疾不徐地放下正在追的劇集，從茶几下的抽屜裡拿出每天記錄的小黃卡片，上面清楚寫著日期，男人每天吃了什麼，去哪家餐廳，血壓和飯前

左起作者媽媽，三毛，三毛母親

飯後血糖多少，每天是否有不舒服，一些只有她自己看得懂的紀錄，好計算出有糖尿病的男人每晚要打多少劑量的胰島素。

有一天，我試著去看懂媽媽的筆記和聽懂爸爸媽媽的對話，這是他們之間的默契，我插不上嘴，也感到慚愧。從小媽媽下班吃完飯，洗完碗，還要幫我們檢查數學作業，教我們用算盤，現在她快八十歲了，每天還在數字中動動腦，也算是每天的頭腦風暴吧！

小時候看不懂數學題，現在也沒看懂人生。

唯一答對的題目是，有你，我們很幸運。

People 539

三毛姑姑的寶貝：藏在三毛舊物中的回憶與牽掛

作　　者─陳天慈
責任編輯─陳萱宇
主　　編─謝翠鈺
行銷企劃─鄭家謙
封面設計─魚展設計
美術編輯─菩薩蠻數位文化有限公司

董 事 長─趙政岷
出 版 者─時報文化出版企業股份有限公司
108019 台北市和平西路三段二四〇號七樓
發行專線─（〇二）二三〇六六八四二
讀者服務專線─〇八〇〇二三一七〇五
（〇二）二三〇四七一〇三
讀者服務傳真─（〇二）二三〇四六八五八
郵撥─一九三四四七二四時報文化出版公司
信箱─一〇八九九 台北華江橋郵局第九九信箱
時報悅讀網─http://www.readingtimes.com.tw
法律顧問─理律法律事務所 陳長文律師、李念祖律師
印刷─勁達印刷有限公司
初版一刷─二〇二五年一月三日
定價─新台幣三八〇元
缺頁或破損的書，請寄回更換

時報文化出版公司成立於一九七五年，
並於一九九九年股票上櫃公開發行，於二〇〇八年脫離中時集團非屬旺中，
以「尊重智慧與創意的文化事業」為信念。

三毛姑姑的寶貝：藏在三毛舊物中的回憶與牽掛／陳天慈著.
-- 初版. -- 臺北市：時報文化出版企業股份有限公司, 2025.01
面；　公分. --（People；539）
三毛本名陳平
ISBN 978-626-396-929-2（平裝）
1. CST：陳平　2. CST：傳記

783.3886　　113015838

ISBN 978-626-396-929-2
Printed in Taiwan